T0267442

exhala

Todo va a estar bien
... si tú lo decides

AUTORA BESTSELLER
GABY VARGAS

Todo va a estar bien
... si tú lo decides

AGUILAR

Exhala
Todo va a estar bien… si tú lo decides

Primera edición: octubre, 2023
Primera reimpresión: enero, 2024
Segunda reimpresión: febrero, 2024
Tercera reimpresión: marzo, 2024
Cuarta reimpresión: abril, 2024

D. R. © 2023, Gabriela Vargas

D. R. © 2024, derechos de edición mundiales en lengua castellana:
Penguin Random House Grupo Editorial, S. A. de C. V.
Blvd. Miguel de Cervantes Saavedra núm. 301, 1er piso,
colonia Granada, alcaldía Miguel Hidalgo, C. P. 11520,
Ciudad de México

penguinlibros.com

Penguin Random House / Amalia Ángeles, por el diseño de portada
Ramón Navarro por el diseño de interiores
© BWSTUDIO / Leo Manzo, por la fotografía de la autora

ISBN: 978-607-383-572-5

Impreso en México – *Printed in Mexico*

Índice

A Pablo

Las despedidas son sólo para los
que aman con los ojos.
Porque para los que aman con
el corazón y el alma, no existe
eso de la separación.

Agradecimientos

Antes que nada, gracias a mis hijos, Paola, Carla, Pablo, Toño, Diego y Frances, por el amor y apoyo que durante esta experiencia siempre me dieron y me dan. Gracias a mis nietos, Diego, Pablo, Toño, Emilio, Nicolás, Pablo, Valentina y Mateo, por alegrar mi vida.

Gracias a Gaby, mi mamá, y a mis hermanos, Andrea y Guayo, Joaquín y Lourdes, Neto y Maca, Francisco, María, Alejandro y Vero, Lupe y Gera, Vero y Chicho, por su cariño incondicional. Y a todas mis amigas, que no me han dejado sola ni un momento.

Gracias a mis queridos amigos y editores de muchos años, David García, Andrea Salcedo y César Ramos, por confiar en mí y motivarme a escribir estas páginas, y por todo el trabajo que implica.

Gracias a mi amigo y maestro, Ricardo Chávez Castañeda, por su revisión y consejo.

Gracias a Sara Schulz, por darle durante tantos años su toque de talento a lo que escribo.

Gracias a Edmée Pardo por su revisión.

Gracias a José Luis Caballero, por siempre cuidar la parte legal.

Gracias a Amalia Ángeles, por el diseño de la cubierta del libro, y a Ramón Navarro, por el diseño de los interiores.

Gracias a mi casa editorial, Penguin Random House, por hacerme sentir parte de su familia. Es un honor.

Gracias a la vida y a Dios, por haberme regalado 54 años dentro de una burbuja de amor transparente y pleno.

Introducción

En este plano existencial hay algo que a todos nos vincula: la pérdida, o mejor dicho, las pérdidas que, tarde o temprano, experimentamos. Pérdida de la niñez, la juventud, un trabajo, una pareja, la memoria, los padres, un techo, la lozanía de la piel, la fortaleza del cuerpo; en fin, pérdidas materiales. Podría nombrar un millón de tipos de pérdidas y cada cual tiene una forma en que se puede entender, incorporar y superar. De igual manera, cada quien posee lo que considera "lo más sagrado", la piedra angular de su vida. Aquello que más ama, lo más importante que ha tenido. Para algunos puede ser el amor a una pareja, a un hijo, a la madre o al padre; o bien, la familia, la salud, la lucidez, el trabajo, la vocación, el alma, una posesión o lo que sea.

Este libro es sobre la pérdida más grande que en lo personal he tenido: la del amor. Cuando un gran amor se va, te arrastra y tu alma se va con él. Te sientes frágil, indefenso, vulnerable y vacío. ¿Cómo sales de ahí? ¿Cómo te recuperas?

La muerte y el duelo son temas de los cuales no nos gusta hablar, sobre los que evitamos leer y hasta consideramos de mal gusto compartir. Es tanta nuestra alergia a la muerte que no toleramos a un doliente hablar por más de equis días sobre su pena. Asimismo, es común que, ante una pérdida dolorosa vivida por nosotros o por alguien cercano, prefiramos las distracciones del mundo exterior, como aquello que sucede en la nube de las redes sociales; recurrimos al entretenimiento, a la comida o a alguna sustancia que podamos tomar para desconectarnos, con tal de no lidiar con la realidad. Se necesita valor para encarar nuestra vulnerabilidad y la de quienes nos rodean.

Para mí, el dolor que causa la pérdida de lo más sagrado es como estar en medio de una neblina densa, sin visibilidad y aspirando un aroma amargo, en ella te sientes totalmente perdido, vacío y desorientado. Creo que la única manera de superar ese sufrimiento, llegar a sentir alivio y encontrar maneras de respirar es inhalar y *exhalar* con normalidad, es armarte de valor y atravesar la bruma. ¿Por qué resalto la palabra "exhalar"? Porque de inmediato me llena de paz. Significa inhalar una bocanada de aire para que, al exhalarla, el cuerpo, la mente y el alma descansen. Así quise titular este libro con la intención de invitarte y mostrarte, querido lector, querida lectora, que se puede exhalar a pesar de lo que vivimos. Es un hecho que nadie exhala de manera permanente, sino al final de sus días. Sin embargo, lo haces incontables veces a lo largo de la vida, cada uno de los días que la conforman, sin importar los problemas o el inmenso dolor que atraviesas. Hacerlo te trae al presente, a este preciso instante en el que todo está bien.

Con la pérdida de mi esposo, Pablo, el amor de mi vida, con quien compartí una existencia llena de cariño y respeto durante 54 años de amor y 50 de matrimonio, me di cuenta del abismo que existe entre enseñar o escribir teorías y la agonía que es vivirlo realmente. La pérdida siempre se lleva algo de ti. No hay palabras, consejos, nada que consuele. El mayor obstáculo es sobreponerse diariamente a uno mismo.

La muerte de un ser querido es uno de los mayores retos a los que el ser humano se enfrenta. Una vez que te sientas en la primera fila de la ceremonia para honrar las cenizas de tu ser amado, lo entiendes. Ya no serás la misma persona, has sido tocado por algo crónico y permanente. Algo en ti ha muerto. Algo que seguramente renacerá, pero de manera diferente. Deberíamos también tener rituales para velar y enterrar esa parte nuestra. Tarde o temprano los conocidos te dirán que te ven bien, que vas mejor, pero nadie se atreverá a confesar que pareces distinto, que has cambiado —para bien o para mal, lo que dependerá de ti.

Finalmente, sales fortalecido de esta experiencia, no hay duda. ¿Requiere de voluntad? Sí. No obstante, la sensación que tienes al atravesar por un duelo es la de estar en una balsita en alta mar, paleando en medio de una tormenta tremenda. La gente parada en tierra firme, bienintencionada, te indica qué hacer, te hace señas, te grita, pero no puede hacer nada por ti. Se necesita haber estado en esa lanchita para comprender lo que se vive.

Quizá ya comprobaste que cada pérdida se siente en lo físico, lo emocional, lo intelectual y lo espiritual. Como mencioné, te sientes confundido, débil, vulnerable y sin rumbo, en especial al principio. Entre ese instante de vacío profundo y en el que vuelves a sonreír y a dormir tranquilo, atraviesas por una serie de etapas, subidas y bajadas, las cuales intento explorar en estas páginas. Es un hecho que, una vez que regresas al mundo después de perder a alguien, tu mirada y tus jerarquías cambian por completo.

Y si bien, desde que Pablo partió a otro plano, he tomado terapias con una tanatóloga, he leído cuanto llega a mis manos acerca de las diferentes pérdidas y el duelo que conllevan y he aprendido de otras personas que pasaron por lo mismo, lo cierto es que todavía me parece una experiencia nueva para la que nadie ni nada te prepara. O, mejor dicho, a la que rara vez nos interesa acercarnos. De hecho, soy —fui— una muestra de ello. He escrito 16 libros y nunca había tocado este tema, ignoro si por falta de madurez, por evadir una cuestión a la que tememos o por cultivar el pensamiento mágico de que "a mí no me va a pasar", creyendo que, si no lo toco, no me toca.

Quiero aclarar que no soy terapeuta y mucho menos tanatóloga, no intento ayudar con teorías o saberes de expertos, sólo quiero compartir contigo, querido lector, querida lectora, mi experiencia, mi búsqueda, mi camino y las salidas que me han llevado más allá del vacío y la obscuridad absoluta. Acompañarte desde estas páginas con lo que aprendí y lo que me ayudó a salir adelante, con la esperanza y el deseo profundo de darle sentido a algo que no lo tiene o que es difícil ver en el momento. Pero, si algo puedo afirmar, es que un día vuelves a sonreír.

En mi proceso, leí el libro *Lo que no tiene nombre*, de Piedad Bonnett. En él, la autora habla del suicidio y, aunque no es mi caso, en sus palabras encontré lo que sentía y lo que me hubiera gustado escribir: "Porque contando mi historia tal vez cuento muchas otras. Porque a pesar de todo, de mi confusión y mi desaliento, todavía tengo fe en las palabras. Porque, aunque envidio a los que pueden hacer literatura con dramas ajenos, yo sólo puedo alimentarme de mis propias entrañas".

En este proceso he comprendido que hay diferencias entre el sufrimiento y el duelo. El primero surge en la cabeza, en tus pensamientos, al repasar una y otra vez el dolor de tu pérdida, que está acompañada de todas las preguntas, envueltas en una incertidumbre que no hay manera de responder; el segundo se presenta sin aviso, a la hora que quiere y se ancla en el corazón. Son dolores distintos, dos vías por completo diferentes. El primero se controla y se puede eliminar con determinación; al segundo hay que abrazarlo, acariciarlo, como lo mencioné, hasta que decida irse.

¿Nos podemos quedar estancados durante años en la conmiseración y el dolor? Sí, claro que podemos y tendríamos justificación, pero si algo nos enseñan las pérdidas es a darte cuenta de cuán efímero es todo y de lo rápido que se va la vida. Por lo tanto, tenemos otra alternativa, la de aprovechar, gozar cada momento y agradecer el estar vivos.

"Todo va a estar bien", decía Pablo, mi esposo, quien una vez más cumplió su promesa: al final las cosas se acomodan. Un día volvemos a encontrar inspiración, gozo, armonía y belleza, aunque de momento lo creamos imposible. Debemos tener la certeza de que la vida trabaja para nosotros y no en contra de nosotros, porque así es. Ella nos manda pruebas y nosotros respondemos. Somos los creadores de nuestra propia experiencia, y la construimos con cada pensamiento, **decisión** y actitud ante lo que venga. Y sí, toma tiempo asimilar y comprender que **todas las cosas** que nos suceden, los hechos, los encuentros y las circunstancias son para nuestro desarrollo.

Mientras, te invito a tomar conciencia del momento presente y del valor de estar vivo en este instante, a disfrutar los regalos que la vida y la naturaleza brindan, aunque la pena persista. Eso es exhalar, un acto que es y siempre será momentáneo. Exhalar nos permite poner la lupa en todo aquello que nos lleva, aunque sea por instantes, a disfrutar y nos da la oportunidad de agradecerlo; ser conscientes de qué, quiénes, cuándo y cómo brindarnos ese bienestar para sentirnos mejor y procurarlo.

Querido lector, querida lectora, este libro lo dividí en tres partes. La primera narra nuestra historia —la de Pablo y mía— de amor y dolor. En la segunda, te comparto sobre el proceso de duelo que viví y lo que aprendí. Y en la tercera te relato mis experiencias para sobrevivir. Esta última se compone de diversos escritos acerca de lo que me salvó y me ayudó a salir adelante en mi proceso de recuperación. Incluí también lo que descubrí sobre cómo ayudar a otros, con la esperanza de que te pueda servir en tu propio renacer en caso de vivir algún tipo de pérdida.

Para terminar esta breve introducción, hay algo que te puedo garantizar: salir adelante, tarde o temprano, depende de ti y de mí, de nadie más. Aférrate al amor porque, por cursi que suene, el amor a la vida, a uno mismo y a tus seres queridos lo puede todo.

Me gusta la siguiente frase: "La vida no es una mujer seductora, la vida es una mujer que te grita que luches para ser digno de ella. Si no buscas la vida, jamás te encontrarás con ella". Sal y busca la vida, de la manera que quieras, pero búscala.

Ten la certeza de que llegará un día en que al despertar te des cuenta de que ese sufrimiento insoportable será llevadero hasta que, poco a poco, retomarás el gozo de estar con vida. Un día, una vez integrada la pérdida, podrás cerrar los ojos y... por fin, *exhalar.*

Un abrazo.

Gaby

PRIMERA PARTE:

Añoranzas

1

Lo que daría por volver a vivirlo

> **Mi ser verdadero no es la conciencia del yo, sino algo que no nace y no muere.**
> Willigis Jäger

La vida cambia en un latir del corazón. Instantes que creí cotidianos, hoy me parecen la vida entera. Un acto tan simple como acurrucarnos en el sillón de la recámara para ver una película, era como llegar a una casa iluminada con la puerta abierta y con aroma a pan recién horneado. Nuestros cuerpos embonaban como dos piezas de rompecabezas. ¿Te acuerdas? No cambiábamos ese lugar nuestro por nada. Lo que daría por volverlo a sentir.

Veo la foto de tu cumpleaños, tú, rodeado de globos y regalos. ¡Estabas tan contento y te veías tan bien! Ese 27 de marzo del 2022, tu cumpleaños, saliste como tantas otras veces del hospital para encontrarte con la sorpresa de tus regalos en la recámara. Comimos con nuestros hijos y nietos, celebramos el momento y soplaste las velas del pastel como un niño con todo el futuro por delante. Quién diría que dos meses después, el 27 de mayo, te irías para siempre. Nunca lo imaginamos. Amar y perderte. ¡Tan solo dos meses de vida!

Me pregunto si de saberlo, habríamos hecho algo diferente. ¿Qué hubiera cambiado? No lo sé, ¿todo? ¿nada? Esta es una de las grandes interrogantes de la vida. Pienso que es mejor no saberlo ni imaginarlo, el sufrimiento sería inaguantable.

"Tienes mieloma múltiple, una enfermedad maligna que no tiene cura pero se controla", nos dijo en marzo de 2020, el doctor Gabriel Chávez Sánchez; a quien le tomamos mucho cariño y le estaremos siempre agradecidos.

En realidad, no teníamos idea de la gravedad de este padecimiento. Se trata de un cáncer en la médula de los huesos que puede ser desde algo muy controlable, hasta muy agresivo. Ignorábamos cuál de ellos sería el tuyo, bendita ignorancia, a veces pienso que la inocencia, el no conocer sobre medicina, o fingir que no sabíamos el pronóstico, nos permitió vivir una ilusión que, dicho sea de paso, nos duró muy poco.

Durante los 26 meses que padeciste la enfermedad toda la familia nos aferramos al "se controla" que mencionó el doctor Chávez, y en esas dos palabras basamos todas nuestras fuerzas y esperanzas. El día en que me di cuenta de la gravedad del padecimiento, fue por la cara que pusieron tanto mi ginecólogo como mi endocrinólogo al escuchar el diagnóstico. El pensamiento mágico de superarlo nos cegaba la realidad.

Al mes del diagnóstico, te hicieron otra prueba de médula para analizar qué tipo de mieloma padecías. "En cuanto lleguen los resultados les llamo", nos dijo el doctor Chávez. Esa mañana de sábado, su llamada entró de milagro. Nos encontrábamos montando a caballo en campo abierto en el Estado de México, "es mi terapia", decías. Recuerdo con exactitud fotográfica el lugar exacto en el que detuvimos los caballos para contestar el celular.

"Muy bien, doctor... Ni hablar... Gracias". Terminaste la llamada. Durante unos segundos permaneciste en silencio, me parecieron horas. "En pocas palabras, que la noticia no es buena", me dijiste. Guardaste el celular en tu chamarra. Inhalaste profundo, extendiste tu mano para alcanzar la mía, aún montados en los caballos, para compartirme la noticia.

En silencio, mientras el mundo se nos venía encima, la belleza de la naturaleza contrastaba con la opresión en el alma. El tiempo cobró otra dimensión. La muerte de pronto se convirtió en un jinete montado en ancas sobre tu silla de montar. Sentí que entrábamos a una especie de realidad alterada, donde todo lo cotidiano se alejaba, se consumía y, a cambio, una sensación también ajena, extraña, difusa, como la de caer a un abismo oscuro nos penetraba. Todos sabemos que la muerte es parte de la vida, sin embargo, es muy diferente saberlo a sentirla tan cerca. No lo esperábamos, no lo imaginábamos, no formaba parte de nuestros planes. Hacía apenas un mes eras un hombre sano, fuerte, lleno de vida. ¿Cómo aceptar una realidad así? ¿Cómo soltar los amores, los planes, renunciar a los sueños de una vida eterna que soñábamos juntos? ¿Cómo salir de ese vacío con buena cara y actitud positiva? La vida perfecta que teníamos, en un tris, desaparecía. A pesar de todo, tomados de la mano, sentimos la fortaleza para enfrentar lo que vendría.

No conocemos ese tipo de dolor hasta que nos alcanza y nos descoloca.

Actuar, fingir, sonreír

Ese 21 de marzo de 2020 ingresaste en el hospital para iniciar tu tratamiento, estuviste una semana. Coincidió precisamente con el encierro mundial por la pandemia de covid-19. En el mundo, como en nosotros, había mucha incertidumbre. Nadie conocía bien a bien sus efectos, ni sus orígenes, sólo prevalecía un gran temor dado que el riesgo de contagio y muerte eran muy altos. Y, curiosamente en tu cumpleaños, ese 27 de marzo de 2020, internado recibiste tu primera quimioterapia. No sabíamos si celebrarlo o abrazarnos para llorar. Tus defensas naturales se debilitarían por las quimios, nos lo advirtieron. Un nuevo abismo se abrió ante nosotros. Con manos entrelazadas y los ojos vendados nos aventuramos a dar el paso.

Las quimioterapias serían cada semana. Ignorábamos el tortuoso camino que nos esperaba y los efectos secundarios que los tratamientos provocarían. Mientras, nos animábamos uno al otro, con la confianza plena en que lo superarías, como muchos otros tantos retos. El amor y sabernos unidos nos daba toda la fortaleza necesaria.

Tu actitud fue la de siempre: "Todo va a estar bien, lo vamos a superar, no pasa nada, la vida sigue como siempre". A pesar del optimismo que los dos aparentábamos, poco a poco sentimos el inevitable vacío. No sé si debimos ser más realistas, lo que sí sé, es que callamos para evitarnos más pesar. En su momento, eso era lo que sentimos adecuado. Actuar, fingir, sonreír para el otro, dar lo mejor de cada uno como si todo estuviera bien hasta creerlo. ¿Me pregunto si tú sentiste lo mismo? Nunca nos atrevimos a hablarlo ni a confesárnoslo. Quizá compartirlo, exteriorizarlo, nos hubiera ayudado a los dos a soportar la carga; lo mismo que subir una montaña con una mochila a la espalda, hacerlo solos nos pesa el doble que cuando lo hacemos en compañía de alguien.

Sin embargo, tus cuidados nos exigían estar en el presente, en que salieras a caminar al pasillo del hospital, en traerte alimentos de la casa, en acomodarte la almohada, en consentirte y acompañarte. A diario recibías a las enfermeras que entraban a sacarte sangre o a revisar tus signos vitales con un comentario amable o chusco que aligeraba la energía del cuarto y de nuestras almas.

La esperanza nos hizo asirnos de un hilo de ilusión que prometía, por lo menos, ocho años más para disfrutarnos, para vivir, para viajar, para abrazarnos, para amarnos más. ¿Te imaginas? Pensábamos que tú, yo, nuestros hijos, padres, amigos, éramos eternos. Como eternos eran los momentos y las épocas en que alrededor de una mesa brindamos con el desparpajo de quienes se creen inmortales.

Cuando todo está bien

Un mes antes de conocer tu enfermedad, salí sola en bicicleta a dar una vuelta al campo. En el camino vi los árboles, las flores silvestres, escuché los pájaros, vi las nubes en un cielo claro, tantas cosas por las que me sentí agradecida.

"Gracias Dios por mi vida, por mi familia, por mi trabajo, por estar viva", clamaba por dentro. Todo era perfecto, a pesar de las nimiedades cotidianas que la mente suele amplificar. Hasta que la muerte ronda por tus territorios, te percatas de que todas las tonterías por las que antes te quejabas son ridículas e irrelevantes.

Dos meses después, enterada ya de tu cáncer, recorrí ese mismo camino montada en mi bicicleta. Me detuve a la mitad, me bajé para sentarme en la tierra. Un dolor profundo exigía salir de mi cuerpo. Por primera vez, me doblé del llanto, de ese que sale del estómago. Intuía que era el principio del final. Lloré como hacía mucho no lo hacía, comencé a sentir esa nostalgia anticipada. Era el inicio de la pérdida de nuestras vidas, pues ya no serían igual que antes; pérdida de algo tan valioso y que nunca valoramos lo suficiente: la salud; pérdida del "nosotros" ante la separación inminente de los dos, idea que me quitaba de la mente como un mal pensamiento.

Lloré hasta encontrar alivio. Me percaté de cuánto mejor es abrirle paso al dolor, permitir que fluya —a solas o acompañado. Reprimirlo, como lo había hecho esos días, sólo me causaba insomnio y ansiedad.

Cuando todo está bien, deberíamos de agradecerlo de rodillas. Cuando el resultado de tus análisis sale normal, cuando tu hijo regresa con bien de la escuela, cuando te acuestas sin ningún dolor en el cuerpo, cuando puedes hablarle a tu mamá por teléfono, cuando un amigo te busca, cuando tus hijos te llaman para preguntar cómo estás, cuando tienes trabajo, en fin, tantas y tantas cosas que en su momento no apreciamos, es lo que hace que la vida valga la pena. ¿Por qué en su ausencia, es cuando valoramos?

A ojos cerrados

A los 15 años me operaron del apéndice. ¿Te acuerdas? Llevábamos unos cuantos meses de novios y, como suele suceder, estaba más enamorada del amor, de la personalidad, de la novedad, que de tu ser. "¿Ser? ¿qué es eso?" Pensaba que no lo sabía.

Al salir de la recuperación, todavía medio atontada en camilla, me llevaron a mi cuarto. Al llegar, con los ojos cerrados, escuché tu voz de 20 años que desde entonces era grave y profunda. Tu tono cariñoso me daba la bienvenida. Enseguida sentí tu mano de dedos largos sobre la sábana que me cubría, primero en la pantorrilla y luego sobre el dorso de la mía. Sonreí. La huella de tu mano, de extraña manera, era un bálsamo que me llegaba al alma para tatuarla. Ni siquiera era el contacto de piel a piel. A través de la sábana, inauguré mundos desconocidos para mí. Conocí tu ser, tu gran corazón y tu energía me transportó a un lugar de alivio, de seguridad y de amor indescriptible. Me enamoré de ti para siempre, ahora sí que, a ojos cerrados.

—¿Cuánto dura el para siempre? —le pregunta Alicia al conejo.

—A veces, sólo un segundo —responde el conejo blanco en el famoso cuento *Alicia en el país de las maravillas*—. Hay sueños que duran un instante en el que todo parece congelarse por una eternidad.

Nuestro "para siempre" duró 54 años de amor en esta Tierra. No obstante, estoy segura, seguirá en la eternidad. Cada vez que nos tomábamos de la mano para caminar, para bailar, para enfrentar alguna tristeza o preocupación, visitaba esa huella que conocí de joven y me aseguraba que todo estaba y estaría bien.

Recuerdo una entrevista que me realizó Alberto Tavira antes de la pandemia: "Si tuvieras la posibilidad de llevarte algún objeto para el día después del juicio final, ¿qué te llevarías?" Su pregunta me sorprendió. Pero más mi respuesta, fue inmediata: "Me iría con la mano de Pablo". Bastaba sentirla y el mundo entero se componía. Siempre se compuso.

"Todo va a estar bien"

Pablo se dedicaba a la industria del turismo. Corría 2005, año en que el huracán Wilma le pegó a Cancún. La destrucción causada por las 70 horas de viento fuerte y continuo fue de proporciones épicas. Dos días después, tan pronto el aeropuerto abrió, Pablo se reunió con sus colaboradores. Él me platicó sobre estar parado frente a ellos y ver en sus ojos la desesperanza, el temor, la incertidumbre del futuro, como si el mundo se les terminara.

Lo primero que Pablo les dijo fue: "Todo va a estar bien. Antes que nada, mantendrán su empleo. Después, nos organizaremos en brigadas para ir a limpiar la casa de cada uno de ustedes. Una vez terminada esa tarea, limpiaremos nuestro lugar de trabajo". Así fue y nunca lo olvidaron.

En 2019, en una convención de turismo, nuestro buen amigo John McCarthy te entrevistó acerca de los retos económicos, desastres naturales y altibajos políticos que la industria enfrentó. En ese entonces, nunca imaginaron, ninguno de nosotros lo hizo, que aquellos sucesos no serían nada en comparación con lo que acontecería en 2020 y 2021: el covid-19.

Durante ese tiempo, sin un solo turista que nos visitara, te rehusaste a despedir a un solo colaborador, incluso utilizaste fondos personales para asegurar el salario de cada uno. Por otro lado, al iniciar el encierro, tú estabas por enfrentar tu mayor batalla: el cáncer. Por haber sido siempre un hombre fuerte y sano, para la gente a tu alrededor era impensable que esto sucediera, algo por completo inesperado.

Al ser alguien que le gustaba tener cada aspecto de su vida bajo control, el cáncer fue tu maestro más duro. Mas la actitud con la que encarabas este gran reto, nos dejó a toda tu familia una lección. Durante los dos años de pelea contra él, experimentaste cada etapa que la pérdida conlleva: pasaste del shock a la negación, al enojo y al duelo, para llegar, finalmente, a la sabia etapa de la aceptación.

Es cierto que somos tan felices como sean nuestras relaciones. Con orgullo puedo decir que fuimos una gran pareja y no lo expreso de manera superficial, sino a pesar de las altas y bajas que toda unión enfrenta con el transcurrir del tiempo.

El cáncer nos iba enseñando los valores importantes que dábamos por hecho, como la amistad, al ver que todos nuestros amigos acudieron al llamado de donar sangre y plaquetas, que nos conmovió hasta las lágrimas; la paciencia, al aprender a esperar los tiempos de las citas, los resultados de los análisis, ver la mejoría; la comprensión, de entender que un mal modo de parte de cualquiera de la familia, no era más que el reflejo del estrés que todos vivíamos.

La experiencia de la enfermedad y el duelo que conlleva me hizo recordar este poema de Rumi, que tanto me gusta desde que lo leí:

La casa de huéspedes
El ser humano es una casa de huéspedes.
Cada mañana, una nueva visita.

Un gozo, una tristeza, una maldad,
una cierta conciencia también como
un invitado inesperado.

¡Dales la bienvenida y recíbelos a todos!
Aun si son un tumulto de lamentos,
que de manera violenta barren tu casa,
te despojan de tus muebles.

Aun así, trata a cada huésped con honor.
Quizá te esté ayudando a crear
espacio para un nuevo deleite.

Al pensamiento oscuro, a la vergüenza, a la malicia,
recíbelos en la puerta riendo e invítalos a entrar.

Sé agradecido con cualquiera que venga,
porque cada uno ha sido enviado
como un guía del más allá.

2

No hay coincidencias

Amar es más bien una oportunidad, un motivo sublime que se ofrece a cada individuo para madurar y llegar a ser algo en sí mismo; para volverse mundo, todo un mundo por amor a otro.

Rainer Maria Rilke

El programa más popular de la televisión mexicana a finales de los años sesenta se llamaba *Discotheque Orfeon a Go-gó*. Se distinguía por tener como escenografía unas jaulas colgadas en las paredes, dentro de las cuales unas mujeres guapísimas, con minifalda y botas blancas que les llegaban a la mitad de la pantorrilla, bailaban la música del momento. No nos lo perdíamos. Todas las jóvenes queríamos vernos y bailar como ellas.

Cuando una compañera del colegio cumplió 15 años, nos enteramos que a su fiesta acudirían nada menos que las chicas de *Orfeon a Go-gó* con todo y jaulas. "¡¿En serio?!", nos decíamos incrédulas entre nosotras. La cumpleañera se llamaba Martha y le decían "La Chata". Si no te invitaba a su fiesta, simplemente no existías, punto. Y tu servidora, no existía. Yo tenía 14 años. Ella estaba un año arriba del mío, por lo que no éramos muy amigas ¡y no me había invitado!

El fin de semana de la fiesta a gogó mis papás se fueron de viaje, por lo que me dejaron en casa de mis primas más grandes. La mayor era compañera de La Chata y le preguntó si podía llevar a su prima a la fiesta, a lo que ella accedió sin problema. ¡No lo podía creer! ¡Iría a la fiesta más popular del año! Ya tenía el vestido largo, los zapatos y el peinado planeado, lo que no tenía era galán.

Conseguí al vecino de mis primas como mi pareja. Pero toda la noche lidié con él porque quería bailar las canciones lentas con los cuerpos pegados y yo prefería mantener el brazo estirado, para conservar la distancia, mientras esbozaba una sonrisa de "aquí no pasa nada". En cambio, las a gogó las bailé hasta desfallecer, con todo y chongo de gajos y cinta de terciopelo rosa entrelazado.

La hora en que por lo regular mis papás me recogían de las fiestas era a las 12:00 p. m. o máximo a la 1:00 a. m. Esa noche, mis tíos fueron anfitriones de una cena prolongada, por lo que pasaron a recogernos a mis primas y a mí como a las 2:00 a. m. Mi acompañante se tuvo que despedir a la 1:00 a. m., su hora de llegada a casa. La pista ya estaba casi vacía. Así que me senté con mis primas en unos banquitos, a la espera de que vinieran por nosotros.

A veces pienso que existe una conspiración por la que los sucesos improbables suceden, se juntan y sincronizan en el tiempo, como si nuestro camino estuviera trazado según un plan superior. "Destino", "encuentros fortuitos", "regalo de Dios". El hecho es que, más allá de las coincidencias para que el curso de nuestra vida tome forma, es cuestión de permitir que el Universo se organice o de que lo perfilemos con cada una de nuestras decisiones, por minúsculas que parezcan.

—¿Quieres bailar?

De pronto escuché una voz grave, como de locutor, atrás de mí. La fiesta ya casi terminaba y medio volteé hacía arriba sin verte para contestarte:

—No, gracias. Estoy muy cansada.

—Mira, chulita, esperé toda la noche a que tu galancito se fuera. Así que ahora bailas —me dijiste.

Sin pensarlo más, me levanté como si de obedecer una orden se tratara. No vi tu cara hasta que, de pie, me giré hacia ti. Eras tú. ¡Qué modos! Me llevaste a la pista, que para ese momento se encontraba casi vacía.

—¿Conque tú eres la inexpugnable Gabriela Vargas? —dijiste con tu mirada de ojos azules, que contrastaban con la profundidad de tu voz y revelaban tu verdadera personalidad.

—¿La qué? —te respondí desconcertada. Jamás había escuchado esa palabra.

—Cuando llegues a tu casa búscala en un diccionario —contestaste y me dejaste intrigada.

Después de intercambiar algunas frases te atreviste:

—¿Me das tu teléfono?, te quiero invitar a...

—No puedo. Mi papá se enoja porque me hablan muchos niños —te contesté apresuradamente. Y no te lo di.

—Entonces, lo consigo —aseveraste.

—Adiós. Ya vinieron por nosotras.

Por supuesto, al regresar a casa de mis primas lo primero que hice fue buscar el significado de la palabra que ese día memoricé. "Inconquistable", decía el diccionario.

Mientras tú, al llegar a tu casa, saludaste con un beso a tu mamá, quien lo aprovechaba para oler qué tanto alcohol habías ingerido, y le dijiste: "Mamá, acabo de conocer a la niña con la que me voy a casar". Tenías 19 años. Leonor, mi querida suegra, quien me lo contaría después, te mandó a dormir.

A los ocho días, sería mi fiesta de 14 años. Debo aclarar que a esa edad ya medía 1.70 metros y me maquillaba como la modelo Twiggy, lo que me hacía parecer de 18. Un día un amigo de mi papá se lo hizo ver.

—Nada más platica con ella para que veas que sí tiene 14 —le dijo mi papá a su amigo en la pista de baile, una noche de gala en la que invitaron a los hijos de las personas que trabajaban en la misma empresa que mi papá.

Y era cierto, mi plática era la de una niña.

En el Centro Universitario México, escuela preparatoria mejor conocida como cum, donde estudiabas, durante esa semana te enteraste de mi fiesta y conseguiste mi teléfono.

—¿No me vas a invitar a tu fiesta? —me preguntaste sin miramientos en cuanto alcé la bocina.

—Qué pena, ya no tengo boletos —te contesté. Lo cual era real.

—No te preocupes, yo consigo uno.

—Ah, okay —dije.

Siendo honesta, aunque eras muy guapo y olías delicioso, no eras mi tipo y físicamente no me habías llamado mucho la atención. Me faltaba conocerte en realidad.

En ese entonces, mi abuela Margarita, chaparrita, norteña y directa para decir las cosas, vivía dos casas arriba de la mía. La noche de mi cumpleaños, ella llegó a pie acompañada por la trabajadora de su casa. En la puerta se topó contigo:

—Y tú, ¿qué haces aquí? —te preguntó mi abuela.

—Es que no traigo boleto para entrar, señora —dijiste.

—¿Cómo que no tienes boleto? Pásale, ven mijito, tú entras conmigo.

Te tomó del brazo y entraste. No dejan de asombrarme las artimañas del destino para cumplir su propósito.

¿Está nuestra vida trazada de antemano? Lo ignoro. Lo que sí sé es que en nuestro transitar por ella a veces aparece una fuerza fundamental, un imán que nos atrae, nos jala, nos llama; no sabemos a dónde nos lleva ni cómo será el viaje. En ocasiones se presenta como un deseo claro y fuerte, otras tantas, es sutil y huidizo. Se trata de un saber que sólo el alma entiende; el cerebro lo puede ignorar, hacer a un lado, mas el cuerpo lo siente y se vuelve misteriosamente irresistible e inexplicable.

Poco a poco conocí tu alma

En la fiesta te diste cuenta de que tres compañeros tuyos del cum buscaban bailar conmigo. Así que mientras yo bailaba con uno, ibas con el otro y le decías:

—Te están bajando a la vieja, cuate. ¿Cómo te dejas? Yo que tú, iba y veía cómo bailar con ella.

Dicho y hecho. Así te acercaste con cada uno. Cuando notaste que las cosas escalaban a pleito entre ellos, le dijiste a uno:

—Te vas a ir a pelear con él y me voy a quedar bailando con Gaby; ponte abusado, cuate.

Al cuate no le importó. Enardecido fue y le tocó la espalda al otro para salirse a la calle a pelear, mientras tú te quedaste bailando conmigo.

Al rato, regresaron a despedirse —hasta eso, muy decentes—, todos despeinados y con la ropa chueca. Pero faltaba uno: Willy.

Durante los cinco meses que desde entonces pasaron, te aplicaste de una manera muy inteligente para conquistarme. El tema era que lo mismo hacía Willy, quien se me declaró muchas veces. Él **era** el prototipo de lo que a los 14 años divierte y **atrae** a cualquier niña: simpático, popular, bailador, de pelo negro y bien parecido.

Los dos me hablaban por teléfono muy seguido. Al colgar con Willy, entraba tu llamada y yo respondía:

—Hola, Willy. ¡Perdón, Pablo!

Eso te enfurecía. Pero lo mismo me sucedía con Willy. Juro que no era a propósito.

Poco a poco conocí tu alma y me fui enamorando. Willy me gustaba por fuera, pero tú me fascinabas por dentro. Sin embargo, siempre tuve presente la frase que entre mi mamá y mi abuela me tatuaron: "Date a deseo y olerás a poleo". Pero a ti te gustaban los retos. Y como buen estratega, nunca me pediste ser tu novia hasta estar completamente seguro de que te daría un "sí".

Aunque Willy me atraía, sabía en mi interior que no era el adecuado. A pesar de descubrir el amor y la dicha de sentirse amada, el corazón siempre habla. Con la inmadurez de esa edad me daba cuenta de que, con cada decisión tomada, de alguna manera, perfilaba mi vida.

Finalmente, un 21 de diciembre en una posada, me sacaste del ruido de la fiesta y me llevaste al jardín iluminado por la luna. Yo deseaba con todo el corazón que me pidieras ser tu novia. Tu declaración de amor fue la más hermosa: tierna, profunda, amorosa. Para concluir, remataste:

—Mi vida está en tus manos —dijiste mientras me extendías tus manos.

Si las tomaba, la respuesta era que sí. Por supuesto, lo hice.

Desde ese instante sentí la certeza y supe que sería muy feliz a tu lado.

Cuando mis papás salían de viaje, teníamos la obligación de visitar a mi abuela Margarita que, como mencioné, vivía a dos casas de la nuestra. Al principio me quejé y protesté, sin embargo, cuando nos dimos cuenta de lo mucho que ella gozaba las tardes en su recámara pegada a la televisión frente a las telenovelas, nuestra visita a solas en la sala era un agasajo de caricias, sin cruzar nunca esa línea tan deseada, que en esa época definitivamente dividía entre una niña decente y una que no lo era.

Fueron cuatro años de noviazgo, tiempo durante el cual salimos a todos lados con chaperón. Mis hermanos se fascinaban porque eras muy espléndido y nos llevabas a comer tacos deliciosos hasta hartarnos o, por las noches, a algún bar de moda, donde mis hermanos pedían cerveza y fumaban a escondidas. Desde entonces instituimos los viernes para salir a comer e ir al cine. Costumbre que mantuvimos durante toda la vida, hasta que la pandemia llegó. Eran momentos para la plática y nos poníamos al corriente, en especial cuando estábamos ya casados, sobre asuntos de los hijos, nuestras inquietudes, sueños, inseguridades y demás. Siempre fuiste el mejor psicólogo, me conocías mejor que yo misma.

Cuando en los restaurantes veía a las parejas que no se hablaban durante toda la comida y cada uno veía al infinito, imaginaba que su relación no era muy buena y duraría poco. Con la llegada de los celulares, el punto de enfoque de dichas parejas cambió: cada uno inmerso en su pantalla ha conferido al mundo digital más realidad que a la persona que tiene enfrente. Me prometí que jamás seríamos un par así. Por eso decías que yo era como Scherezada, pues siempre me sacaba un tema de la manga como si mi vida dependiera de ello.

Y mi estrategia funcionó: si la conversación se nos acababa, platicábamos acerca del libro que en ese momento leíamos o improvisábamos sobre cualquier cosa.

3

El autotrasplante

**No es la impermanencia la que nos hace sufrir.
Lo que nos hace sufrir es el querer que las
cosas sean permanentes, cuando no lo son.**
Thich Nhat Hanh

*D*espués de siete meses en que los avances contra el cáncer eran mínimos y las cuatro medicinas existentes en México para el mieloma múltiple ya no tenían efecto en ti, el doctor Chávez nos propuso un autotrasplante de médula como método para prolongarte la vida, con todo y los riesgos que implicaba.

En nuestro país, a causa del covid-19, los trasplantes se cancelaron. Así que buscamos opciones en otros hospitales fuera de México, siempre agradecidos de poder hacerlo y estar asegurados. Supimos que uno de los doctores con más experiencia en mieloma múltiple en el mundo, investigador de la enfermedad, se encontraba en la Clínica Mayo, de origen indio, se llamaba Vincent Rajkumar. Sin embargo, ser aceptados ahí, requiere de un papeleo burocrático enorme que, gracias a Paola, nuestra hija, se logró.

El doctor Rajkumar aceptó tu caso. La esperanza se renovaba. Era mediados de octubre cuando tú y yo nos lanzamos a la ciudad de Rochester, Minnesota. Nos sentíamos fuertes y autosuficientes, así que rechazamos la compañía de nuestros hijos. Oh, error. El frío invernal comenzaba. ¿Por qué nos cuesta tanto trabajo aceptar que necesitamos ayuda? ¿Orgullo, soberbia, demasiada independencia? Era sólo negación de la realidad.

Lo primero que hicimos fue ir al súper a comprar lo necesario; una confrontación con la realidad. Cuánto trabajo te costó caminar entre los pasillos, cargar las bolsas y subirlas al departamento. Te agotaste como si hubieras escalado una montaña. Los dos fingíamos que no pasaba nada. Me pregunto si haberlo hablado abiertamente hubiera sido una oportunidad para exhalar juntos.

Al día siguiente, acudimos a esa primera visita con el doctor Rajkumar y, por primera vez, escuchamos la noticia que volvía a congelar nuestra alma:

"Tu mieloma es de muy alto riesgo y el efecto del autotrasplante, si tiene éxito —en tu caso—, durará un máximo de tres a cinco años. Tú decides. Y es muy probable que el mieloma con el tiempo regrese". Estábamos en una trampa sin salida. Pero por vivir, vale la pena intentar lo que sea.

Para mantener el ánimo optimista, el doctor nos habló de las nuevas medicinas y tratamientos que muy pronto saldrían. Entre ellos, el novedoso tratamiento con las células CAR-T que ya nada más estaba a la espera de su aprobación para implementarlo de manera oficial en la Clínica Mayo.

De la misma manera nos informó que dicho autotrasplante consistía en aplicarte una mega dosis de quimioterapia, la más alta que un ser humano puede tolerar, para matar por completo toda la médula de tus huesos; es decir, tanto las células que tienen cáncer como las células madre sanas —la esencia de la vida— para erradicar el mal por completo. En el proceso, te quedarías un mes sin defensas de ningún tipo, en especial durante ocho días críticos, lo que significaba un gran riesgo: quedarías muy susceptible a cualquier tipo de infección, virus y demás.

"Qué raro se siente saber que te queda un tiempo límite de vida", me comentaste al salir de la consulta. Sentía lo mismo que tú. Por más que sabemos que todos nos vamos a morir, el día que te anuncian un tiempo restante definido, por más fuerte que seas, el alma se desacomoda.

Aquella tarde acudí a la farmacia del hospital para comprar las medicinas que el doctor te recetó. Saqué mi tarjeta de crédito y en el momento de meter el NIP, ¡se me borró por completo! ¡mi NIP! No lo podía creer y la dependienta tampoco. Mi mente era una maraña. Me regresé al departamento con una gran angustia y sin medicinas.

Decidí que, a manera de terapia, continuaría con mi trabajo. Esa tarde tenía que hacer el *live* semanal para las redes sociales. Preparé lo que hablaría, mas en el momento en que inicié la transmisión, de nuevo la mente se puso en huelga. Totalmente en blanco y ¡frente a la cámara! Me solté a llorar a pesar de que el crítico interior me alertaba del ridículo que hacía. El estrés me rebasaba.

Qué importante es reconocer cuando necesitas ayuda. Con el pretexto de "no quiero molestar a nadie", tratamos de hacernos los héroes y los fuertes, para explotar en llanto en el lugar menos apropiado. Cuesta trabajo reconocerlo. En lo personal me costó mucho. Ignoro si es por soberbia, si es por creernos autosuficientes, por negarnos a aceptar la realidad o por no vernos débiles. No obstante, comprobé cuánto apoyo brinda y lo importante que es delegar.

Dejé mi trabajo, me dedicaría a ti por completo. Era lo que se sentía bien. Sin embargo, el insomnio, la angustia y el desconcierto aumentaban día con día. Nunca más volvimos a ir solos. El apoyo que necesitábamos iba más allá de sólo lo físico.

Como tu compañera, comencé a darme cuenta de lo mucho que me dolía ver que, a pesar de tu actitud optimista, no la pasabas bien, que luchabas por sobreponerte al temor, a los efectos secundarios de la quimio, a la realidad; de manera constante, con una serenidad ejemplar. Las decisiones a las que te enfrentabas, como las del campo de los negocios, no tenían que ver con lo acostumbrado, sino con las difíciles en verdad: tu cuerpo, los tratamientos, tu calidad y tiempo de vida. Sabías que vivir es más que permanecer vivos. "Prefiero vivir que durar", me lo dijiste muchas veces en tu vida. Finalmente, nadie más podía decidir por ti.

Al mismo tiempo, descubrí otra parte de tu ser que revelaba tu grandeza. Si bien sabía que eras fuerte, no había descubierto a qué grado. Consciente de que tu enfermedad era terminal, escuchaba tu voz y tu ánimo de actor responder: "Muy bien", cuando un amigo te preguntaba por teléfono "¿Cómo vas?". Admiré atestiguar cómo continuabas con buen humor y optimismo en tu trabajo, a través del Zoom, a pesar de que por la pandemia el turismo era cero en el país y, por lo tanto, como si no fuera suficiente tener cáncer, en el trabajo las cosas cada día eran más difíciles.

Lo inesperado

Al mes, en compañía de uno de nuestros hijos, regresamos a Rochester para recibir tu autotrasplante. Rentamos un departamento que se conectaba por túneles a la Clínica Mayo, debido a las temperaturas extremas que se dan en esa ciudad. Pensábamos que la estancia duraría máximo un mes, como nos lo advirtieron, en el cual nuestros hijos se turnarían una semana cada uno, dadas las obligaciones de sus trabajos. La estancia se convirtió en tres meses: visitamos las vecindades del infierno y el invierno se nos metía en el alma y en los huesos.

En el proceso del autotrasplante de médula las complicaciones inesperadas hicieron que tu vida pendiera de un hilo como el de una telaraña. Era noviembre y estabas tan débil por las fuertes quimioterapias para recibir el autotrasplante que esto anuló por completo tus defensas y provocó que una bacteria de hospital llamada Pseudomona entrara a tu sistema a través del catéter que te implantaron cerca del corazón.

Estuviste internado y aislado por completo durante varias semanas. Debido a la pandemia teníamos prohibido visitarte. Sólo nos permitían dejarte cada mañana en la puerta de entrada del hospital café y jugos preparados con devoción en casa para alimentarte mejor. Tenías un punto muy débil: no sabías estar solo. A pesar del hombre fuerte, guerrero, que siempre fuiste en todos los sentidos, nuestra compañía, la de tus hijos y la mía, te era tan necesaria como un piloto al avión.

Después nos contaste que en ese pequeñísimo cuarto de terapia intensiva el lento avanzar de las manecillas del reloj, volvían eternos tus días. Tu vista era una pequeña ventana que daba a la pared del edificio contiguo y un poco de cielo apenas se aso-maba, mismo al que te aferrabas como a la vida.

Una madrugada de aquellas, sonó el teléfono en el departamento. El ring del celular nos despertó del escaso sueño que lográbamos conciliar. El co-razón se me paralizó. Me arrastré como pude hasta alcanzar el contacto en el que mi celular se cargaba abajo en la pared.

—Señora Vargas, su esposo está grave, tenemos que operarlo de emergencia —nos dijo el médico de guardia—. ¿Queremos saber si lo autoriza?

En ese momento, escuché la voz del otro lado como la ráfaga de una metralleta. Le pedí que me lo repitiera para comprender mejor. Mis hijos se coloca-ron junto a mí y al colgar la llamada el latido de los corazones podía escucharse a distancia.

—Sí, claro —me escuché responder con una voz que apenas salía de mi boca.

No había manera de ir al hospital y acompañarte. ¿Quién es este doctor? ¿Cómo dijo que se llama? ¿Qué especialidad tiene? No teníamos idea.

En esa angustiosa espera de la madrugada, pasa-ron tres o cuatro horas hasta que nos avisaron que al fin entrarías a recuperación. Por el momento ex-halamos. A partir de ahí, cada noche nos acostamos con el temor de escuchar ese ring otra vez. Incluso cambié el sonido de éste para no volverlo a escuchar y revivir la pesadilla.

Lo que en ese momento ignorábamos era que esa operación quirúrgica sería la primera de ¡nueve!, casi dos por semana para erradicar la bacteria. Mientras, tu cuerpo permanecía aún con cero defensas para pelear. Esto agravaba la situación. ¡Qué dolor! para ti, que permanecías solo en un cuarto y sufriste tanto, y para nosotros, en la espera sin poder verte. Cada mañana, a través de la aplicación digital de la Clínica Mayo, nos reportaban tus niveles de leucocitos, eritrocitos, plaquetas y no sé cuántas sustancias más, que a diario anotábamos en una libreta para medir el avance de tu salud. Cada décima que incrementaba lo festejábamos como el premio de una rifa.

En esas semanas comprendí cuán resistente es el cuerpo y cuánto se aferra a la vida, a pesar de la fuerza abrumadora de la enfermedad.

"Todo va a estar bien".

Las temperaturas bajo cero, el viento muy fuerte, más el tema covid, volvía imposible salir a la calle, o acudir a cualquier lugar fuera del departamento. Durante ese tiempo en la ciudad de Rochester, sucedió igual que después del huracán Wilma: viste en nuestros ojos incertidumbre y temor.

Y como siempre, tu actitud y respuesta fue: "Todo va a estar bien". Aunque no sabíamos lo que significaba "estar bien".

Ahora comprendo que esta frase, tu favorita, en este momento no significaba que tu enfermedad se curaría, sino que la vida por su fuerza, sus ganas de crecer, de desarrollarse, impulsa su avance, hace que fluya, se acomode por si sola. Claro, sólo si nosotros lo permitimos.

"Todo va a estar bien".
En ese momento me era difícil creerlo.

4

1968

> **"El amor trasciende la persona física del ser amado y encuentra su significado más profundo en su propio espíritu, en su yo íntimo".**
> Viktor Frankl

Ese año México fue sede de los Juegos Olímpicos. Fue la primera vez que se llevaron a cabo en Latinoamérica. Había mucho entusiasmo y nerviosismo dado que nuestro país en ese momento hervía por la inestabilidad política. Durante cuatro meses, los jóvenes salimos solidarios a manifestarnos a las calles para protestar, entre otros temas, contra la represión política tanto a estudiantes y profesores de la Universidad Nacional Autónoma de México (UNAM) como del Instituto Politécnico Nacional.

Tú estudiabas la carrera de actuaría en la UNAM, tenías una mente privilegiada para las matemáticas. Cuando forré tus libros con plástico para que no se maltrataran, me impresionó ver las páginas cubiertas de fórmulas, cálculos, trigonometría y operaciones: ciencia oculta para mí. Estudiar ahí te dio una visión de la realidad de nuestro país, te abrió la conciencia. Nuestros padres nos advertían de lo arriesgado que era ir a las marchas, pero como buenos jóvenes que se creen invencibles, ante sus reparos, protestamos con más ganas y más fuerza.

Los Juegos Olímpicos se acercaban y te inscribiste como voluntario para ser edecán. Después de varias entrevistas, te asignaron a una de las delegaciones más importantes: Estados Unidos. Me sentí muy orgullosa de ti. Portabas el saco gris con blanco, diseñado por el arquitecto Pedro Ramírez Vázquez, con letras curveadas, cuyos contornos se expandían a manera de eco y que decía "México 68".

Mis padres no me permitían salir sola contigo a ningún lado, vaya, ni a misa. En ese entonces no era lo "decente", de acuerdo con su criterio. Bueno, ¡tampoco en parejas podíamos hacerlo! Teníamos que salir siempre con algún chaperón. Al tener seis hermanos, muchas primas y varias amigas sin novio, de alguna manera nos organizábamos para darles gusto. Tu paciencia era inaudita.

Al ser el edecán principal de la delegación de Estados Unidos, tenías acceso libre a todos lados. Una tarde, se inauguraban los ensayos de gimnasia olímpica en el Auditorio Nacional. Un evento nuevo para nuestro país. Estaría la famosa Věra Čáslavská. Los boletos eran muy solicitados y difíciles de conseguir.

—Te invito —me dijiste.

—Pero estoy con cinco primas. No puedo dejarlas —te contesté.

—Con tal de que vengas, veo cómo entramos todos.

Y así fue.

No había evento, discoteca, restaurante de moda o lo que fuera, al cual lograras entrar y tener siempre un buen lugar.

A los pocos días de ser novios, el sitio permitido para visitarnos era igual a la "Avenida Juárez", es decir, era el área de la entrada de la casa, por la que todo mundo tenía que pasar. Confluían ahí, sin exagerar: los accesos a la casa, al despacho de mi papá, a la recámara de mis padres, el pasillo que conducía al cuarto de mis hermanos, la entrada del garaje y la entrada a la cocina. Darme un beso en ese crucero representaba todo un reto. Además, uno de mis hermanos chicos se ponía tenis a propósito para no hacer ruido y cacharnos.

Pero fue en un segundo en que nadie pasaba por alguna de las nueve puertas que estaban a nuestro alrededor, que te me acercaste con ternura para darme mi primer beso. Me di cuenta ¡y no supe qué hacer! Me puse nerviosa y te dije:

—Mejor cuando esté desprevenida.

—¿En serio, después de ocho meses de estar tras

de ti? —me contestaste perplejo. Sin embargo, muy caballeroso y paciente accediste.

—Oye, ¿qué tengo en el ojo? Se me metió algo, ha de ser una pestaña, ¿puedes ver? —me dijiste, una vez que había olvidado el asunto.

Me acerqué a verte y así supe por primera vez lo que era sentir tus labios. Lo hiciste con tal respeto y cariño que todas las escenas románticas que había escuchado en voces de mis amigas se quedaron cortas. Inauguré una sensación nueva y deliciosa, difícil de describir, que me recorrió todo el cuerpo.

El primero y el único

Mi papá todavía no digería que su hija mayor, de sólo 15 años, era ya una adolescente con un novio que medía 1.90 de altura, con cabello rizado, de voz profunda, cálida y formal. Eras el primero y fuiste el único. Guardaba silencio cada vez que escuchaba tu nombre. Durante mucho tiempo se portó bastante hosco contigo y apenas te saludaba. Una vez formalizada la relación, ya para casarnos, se dio cuenta de que los dos tenían el mismo interés, y que, de seguir así, tenía mucho que perder. Te invitó a comer. Ignoro lo que sucedió en dicha comida, pero a partir de ese día fueron grandes amigos, se respetaron, le hablaste de tú, fue tu consejero en los negocios y durante toda la vida se quisieron mucho.

Ramiro y Leonor

A la semana de haberte dado el "sí", me invitaste al bautizo de tu hermana Verónica. Tú, que tenías 19 años, eras el padrino y Lupe, tu hermana de 12 años, la madrina.

Leonor, mi querida suegra, quien tuvo la inteligencia de echarme a la bolsa de inmediato y para siempre, tuvo muchos problemas para embarazarse. En su época, la mayoría de las mujeres regresaban embarazadas de su luna de miel. Tus papás, Ramiro y Leonor, se tardaron seis años en que llegaras al mundo. Siete años después, llegó Lupe a la familia, y 12 años más tarde, cuando Leonor tenía 42 años y pensaba que los mareos eran síntomas claros de la menopausia, se quedó paralizada al escuchar al doctor decir: "Estás embarazada".

Su gran sentido del humor y actitud le ayudaron a que el nacimiento de esa bebé la rejuveneciera. Ella contaba que al entrar al salón de belleza cada semana, a pesar de que a voz en cuello anunciaba: "De una vez les digo a todas: no es mi nieta, es mi hija", no faltaba la señora que salía del secador, de aquel tipo en que se introducía la cabeza por completo, y al no haber escuchado el anuncio, exclamaba: "¡Qué linda está tu nieta!" Lo que provocaba la risa de todas.

Leonor tenía una memoria privilegiada, guardaba detalles de su infancia, de eventos pasados, de recetas de cocina, de los chistes o "cuentos", como ella les decía, y los contaba con la gracia de una comediante o *standupera* consumada. Se acordaba de los nombres de las personas, de lugares exactos y de su padre que quedó viudo con siete hijos. Leonor, la más pequeña de siete hermanos con apenas 14 años, a falta de su madre, desarrolló un don de mando de generala, hacía que sus hermanos mayores la obedecieran a pie juntillas. Tenía la cualidad de ser firme, estricta y adorable. Vio por sus hermanos hasta el fin de sus días.

En aquella ocasión del bautizo conocí también a Ramiro, "El Güero", mi futuro suegro; arquitecto de ojos azules profundos, que usaba una gorra tipo Che Guevara, caminaba con desgarbo y construía escuelas para la Secretaría de Educación Pública por todo el país. Conocí también a la tía Lucía, personaje único que lograba ser una mezcla extraña entre educada con postura de marquesa, con un vocabulario de arrabalero y el sentido del humor de quien tiene muy buena copa. Simpática como pocas personas he conocido. En las bodas de los sobrinos, la tía Lucy colocaba al novio de pie sobre una silla y le daba la bendición en "salva sea la parte", como diría ella, lo que provocaba su fama, las carcajadas y bromas de todos. Siempre estuvo en todas las comilonas de los domingos que terminaban en relajo. Un día, la tía Lucy se puso arriba de su ropa de domingo su vestido de novia decolorado por los años, que le quedaba ya chico por el peso ganado, y se subió al trampolín de la alberca, a la que se aventó vestida con todo y todo.

Acostumbrada a la seriedad de mi familia, esas escenas me abrieron el horizonte a un mundo completamente nuevo. En una de esas comidas me dieron la bienvenida con un ritual al que le llamaban "bautizo", que consistía en hacer alguna broma a todo aquel que entraba a la familia. Ésta podía ir desde embarrarle betún de pastel o ponerle una papaya partida a la mitad sobre la cabeza —como fue el caso de Luis, nuestro querido amigo de tantos años— o aventarlo a la alberca vestido, como fue mi caso, cuando con peluca y pestañas postizas a la "Twiggy", como era la moda, fui a dar al agua. La peluca quedó flotando y las pestañas se me deslizaron a la mitad de la cara. La diversión de los adultos que se comportaban como niños, los hacía muy cercanos, jóvenes y accesibles para todos tus amigos y para mí. Recuerdo que, en esa ocasión, Leonor planchaba apurada mi vestido para secarlo para que yo pudiera regresar a mi casa en un estado parecido al que llegué. Desde ese día la tuya fue mi familia y la adoré como propia.

El tren

Era el primer domingo de 1969, cuando el maquinista

del ferrocarril de Cuernavaca conducía borracho y no hizo sonar el silbato que lo anunciaba y lo hacía identificable a cuadras a la redonda.

Para estrenar el año comí con tu familia. Después, para llegar a las 7:00 p. m. en punto, como exigía mi papá, me fuiste a dejar a mi casa en compañía de tu mamá. De regreso, en el cruce de Barranca del Muerto por donde en aquel entonces pasaba el ferrocarril de Cuernavaca, entonces los coches circulaban en el sentido opuesto a la dirección del tren. Era ya de noche y al detenerte sobre las vías para observar las luces del semáforo y atisbar si pasabas, el tren llegó sin aviso por el lado inesperado. El maquinista metió el freno y se escuchó el chirrido de las ruedas de metal que frotaban contra los rieles de manera escandalosa. Fue inútil, los vagones embistieron con toda su inmensidad y fuerza el coche por el lado en donde se encontraba tu mamá. La máquina continuó con ímpetu y la velocidad apenas disminuida hizo girar el automóvil, con lo que golpeó de frente tu lado. Fue hasta muchos metros adelante que el maquinista pudo frenar la inercia por completo. El cofre comenzó a incendiarse.

—¿Estás bien, mamá? —le preguntaste con angustia a Leonor.

—Sí mijo, estoy bien —te respondió con esa actitud de heroína que la caracterizaba, sin percatarse de que tenía varias costillas y la clavícula rotas.

Intentaste salir del coche, pero las puertas comprimidas lo impedían. Ante la amenaza del incendio, sacaste fuerzas de no sé dónde para lograr abrir la puerta y jalar del brazo a tu madre para sacarla lo más pronto posible.

En cuanto salieron, el coche entero explotó. Fue un milagro que salieran con vida. El conductor del tren se bajó y salió huyendo. Nunca supiste más de él.

Tu furia era enorme al enterarte que, además de que la culpa había sido del maquinista, el gobierno te hizo pagar una cantidad estratosférica por "daños a la nación".

Leonor, en ese entonces, amamantaba a Verónica que contaba con pocos meses. Debido a las fracturas le enyesaron el tórax con los brazos pegados al cuerpo y doblados. No podía llevarse a la boca una cuchara ni un cepillo de dientes, mucho menos peinarse, así que se las ingenió para alcanzarse todo con lápices y cinta para pegar. Lo que no pudo remediar fue el llanto de la bebé que moría de hambre y no estaba acostumbrada ni a la botella ni a la leche de fórmula. Pasó días muy difíciles, pero su actitud y sentido del humor la sacaron adelante.

El Güero, mi suegro, era un santo. Recibía en su casa, por largas temporadas, a todo aquel que tuviera un problema, como a los dos tíos tuyos, hermanos de Leonor, que por alcoholismo fueron a pasar sus últimos meses en tu casa, en tu cuarto y en tu cama. También acogieron a tu primo, a quien llamaré Marcelo, cuyo padre, hermano de Leonor, había fallecido y cuya madre, con tres hijas más, salía a trabajar todo el día y no podía sostenerlo ni educarlo como debía.

Marcelo llegó a tu casa cuando contaba con alrededor de 8 años y recibió el cariño, la educación, las mismas oportunidades, escuelas y universidades que tú. Era tu hermano. Siempre lo apoyaste en todo. Uno pensaría que estaría agradecido con tus papás y contigo, sin embargo las cosas no resultaron de la mejor forma, hoy me doy cuenta de que cada persona actúa con las herramientas que en ese momento cuenta y que son las expectativas las que nos hacen sufrir. Tu bondad era infinita, y si estuvieras vivo, me dirías: "¿Para qué te acuerdas de lo feo?" Y tienes razón. Acordémonos de lo agradable.

El amor por la lectura

Entre tantas cosas que aprendí de ti, la que más te agradezco fue el introducirme al placer de leer. ¿Recuerdas cuando cumplí 18 años y me regalaste un libro llamado *El corazón de piedra verde*, de Salvador de Madariaga?

Con excepción de los cómics, nunca había leído nada por placer. Me parecía la cosa más aburrida del mundo. No comprendía que los adultos o las *nerds* del colegio pudieran pasar horas absortas en un libro.

Pero tú me motivaste a abrir uno y quedó grabado en mí, de manera perenne, el asombro, el deslumbramiento que me produjo viajar en el tiempo, descubrir un mundo mágico de amores y desamores, acercarme a las sutilezas de la psicología humana y verme reflejada como en un espejo, en muchos de sus párrafos. En el libro encontré puestas en palabras mil cosas que había sentido, vivido y que no sabía nombrar ni describir.

A partir de entonces descubrí la emoción por sumergirme en sus páginas, liberarse un poco del mundo y acomodarse en otro plácidamente. A veces, era incapaz de contenerme y en una escapada a mi cuarto leía de pie el desenlace de alguna trama que me hacía sentir cómplice de algo.

Recuerdo incluso en dónde estaba y lo que traía puesto cuando terminé de leer el libro verde de pasta dura. Con la mano lo acaricié, me lo llevé al pecho y, por primera vez, comprendí la magia y el amor que se le puede tener a un libro. La frase tantas veces escuchada "un libro es como un amigo" cobró sentido para mí. Ahí comenzó, gracias a ti, mi adicción a la lectura.

Por lo demás, siempre supe que serías un hombre exitoso. Recuerdo el día que me dijiste:

—Estoy decidido a salirme de la carrera de actuaría. Sé que me falta un semestre para terminar, pero me doy cuenta de que lo único que el título me va a dar es la oportunidad de entrar a una compañía de seguros a trabajar detrás de un escritorio como calculista con un horario fijo. Eso no es lo que quiero. No se lo voy a decir a mi papá, porque sé que no estará de acuerdo, sólo quiero saber si tú me apoyas.

Sin dudarlo te apoyé. Nunca sentí la menor duda de que al hacerlo, lograrías tus sueños de ser independiente, emprendedor y hombre de negocios. Conseguiste prestado dinero que te sirvió para rentar una oficina y comenzaste a vender pequeños lotes en un fraccionamiento en el que no había nada, llamado Villas del Carbón. Tu papá pensaba que al despedirte por las mañanas te dirigías a la UNAM, pero en realidad atendías tu negocio. Cuando más tarde le confesaste la verdad, en efecto, le dolió mucho, pero no podía negar que salías adelante por ti mismo sin haberle pedido nunca ayuda. Te admiró y te respetó siempre.

Cuando Ramiro tenía 81 años, decidiste restaurar una vieja hacienda. Llamaste a tu papá y a tu hermana Lupe, arquitecta también. Esos cuatro años que duró la obra, inyectaste vida a tu papá y a tu relación con él. Como él no era un hombre de negocios, tú sentías no tener mucho en común con él, por lo que siempre en los temas de trabajo te apoyaste en mi papá. Sin embargo, en los últimos años de su vida, con esa hacienda vieja, le diste el gran gusto de convivir muy de cerca, años que a ti también te nutrieron.

Cuánto te dolió cuando tu padre murió. Afortu-nadamente, poco antes lo buscaste para tener una plática de esas que cuestan trabajo pero que, final-mente uno agradece el valor de propiciarla. En ella le dijiste todo lo que de tu corazón salió para limar cualquier tipo de aspereza que pudieron tener a lo largo de su vida.

La tranquilidad y paz con la que regresaste de esa cita hizo que en su despedida final, todo fuera mucho más llevadero. ¿Lo recuerdas?

5

¿Aceptar? Imposible

**La oscuridad siempre acecha,
pero junto a ella, la luz es cegadora.**
Luis Antonio Durán

*L*os adornos navideños empezaron a adornar el hospital. ¡Qué ironía! pero ¿por qué habría de detenerse la vida? Los sufíes dicen que el día que nos vamos de este mundo, ni una sola hoja del árbol se mueve. Sin embargo, con la amenaza de la ausencia de tu ser querido, el mundo se vacía.

Desde mi niñez, las Navidades fueron siempre de alegría. Esa ocasión era diferente. Nos uníamos al dolor de miles de pacientes y sus familiares, que en esas fechas, al igual que nosotros, sufrían como en todos los hospitales del mundo. Qué egoístas podemos ser al ignorar que esa dicha que en un momento vivimos, no es igual para todos. Así el dolor nos humaniza, la vida es muy sabia. Nos coloca frente a las lecciones que necesitamos aprender.

Durante ese invierno de 2020, la ciudad de Rochester permanecía cerrada. No podíamos ni salir a caminar sobre las calles parchadas de nieve sucia y hielo, a menos de que fuera absolutamente necesario. Recuerdo sentir en esos días las temperaturas más hostiles de mi vida, -15° grados bajo cero marcaba el gran termómetro luminoso de la calle, con sensación térmica de -35° grados, dado los vientos huracanados al grado de tener alerta de tornado y fuertes nevadas que empataban con nuestro estado de ánimo al no estar juntos. El invierno de afuera reproducía el invierno de nuestra alma.

El cocinar a diario, dentro del pequeño departamento las tres comidas para la familia, se convirtió en una gran terapia. Nunca imaginé que picar zanahorias, buscar recetas, lavar los platos, limpiar la cocina nos daría tanto. Significaba un trabajo en equipo que además de unirnos, nos distraía, nos permitía desahogarnos y con el trapo secador en mano, platicar de recuerdos, puntos de vista que ignorábamos unos de los otros.

Durante estos días, otra parte de mí comprendió, como nunca, el efecto sedante del alcohol. Es tal el vértigo, el desasosiego que vives, que lo único que deseas es que algo te ayude a olvidarlo o aliviarlo por un rato. La cerveza, la copa o dos de vino que por las noches tomábamos en ocasiones, al entrar al cuerpo, de manera extraña, aliviaban y barrían un poco la angustia. Comprendí que no hay que juzgar. Nunca sabemos el dolor, el estrés, la angustia que una persona siente.

No cabe duda de que vivir de manera plena es aceptar el sufrimiento. Suena bonito, pero aceptar… ¡Qué difícil es! Es una palabra que se pronuncia con facilidad y que nuestro ego rechaza. Es un verbo que cala y cuya práctica requiere tenacidad. La aceptación es un estado mental al que, si acaso, se llega después de recorrer todo tipo de narrativas ilusorias en la mente, donde la queja callada nos causa sufrimiento con esa voz en la cabeza que se vuelve un enemigo a vencer.

¿Aceptar? En el momento de la crisis no quieres ni escuchar esa palabra. Sin embargo, en el devenir de los días te das cuenta de que sólo el amor te permite aprender a convivir con la incertidumbre y el gozo al mismo tiempo. El amor es lo que te sostiene para no esconderte del sufrimiento y para que tu vida se expanda.

Aceptar toma tiempo. Requiere de humildad, de valentía, de rendirnos de rodillas e inclinar la cabeza para confiar. La posibilidad de obstaculizar el "aceptar" siempre está y radica en nuestra mente cuando nos negamos a ver que la vida tiene una inteligencia mayor, que Dios tiene otros planes distintos a los que nuestra pequeña mente planea. En esos momentos de incertidumbre e imposibilidad de hacer algo, lo mejor es descansar en la sabiduría de la vida y dejarte llevar por ella; ayudarle, no con actitud de desafío, sino con la humildad de un pastor.

La vulnerabilidad inexorable y universal es incómoda, nadie quiere hablar de ella, la negamos, pero es un hecho que vive en nosotros. Los sentimientos negativos de vergüenza, impotencia, duelo, decepción, poca valía personal en los momentos de crisis, los reprimimos, no queremos sentirlos.

Una vez pasada la emergencia puedes amistarte con el nuevo camino, o bien, descubrir otras vías que la vida generosamente te acerca y con frecuencia ignoras. De la incalculable sucesión de momentos que vives, son los dolorosos los que transforman tu vida y permanecen en la memoria para siempre. Es así, quizá, como consiste esa posibilidad de aceptar: lanzarse al precipicio con todos los temores que conlleva.

Cuando comprendes que "los momentos malos llegan solos", como decía mi papá, que la muerte no es negociable, entiendes que estar vivos es un privilegio para celebrar el ahora. Mañana, quién sabe.

El reto es cómo abrazar tu vulnerabilidad e inseguridad de manera que puedas vivir desde la autenticidad y con sentido de valía personal. Cómo cultivar la valentía, la fortaleza y la compasión que necesitas para reconocer que eres suficiente, que saldrás adelante, que mereces ser amado y ser feliz. La respuesta es abrirte a lo que te da miedo; abrazar al monstruo de la incertidumbre, respirar y decirle: "Sé que estás ahí y te doy la bienvenida". Es estar en el presente con la incomodidad. Analizar a qué me resisto. Cuanto más te aferras a que las cosas permanezcan significa que el temor es mayor. Aceptar es derrotarnos ante lo que no podemos cambiar. Además, resistirnos al cambio es precisamente lo que bloquea nuestra propia luz.

"Lo único que me afecta son mis pensamientos. No busques cambiar el mundo, elige cambiar tu mente acerca del mundo. Lo que ves refleja tu propio pensamiento. Y tu pensamiento sólo refleja la elección de lo que quieres ver", dice *Un curso de milagros*.

La verdad es que, confiada en que Pablo saldría adelante, me resistí siempre a aceptar que su muerte era inminente. Hasta que ya no hubo duda, me rendí.

Lo que sí hice, fue darle espacio al amor, a la gratitud de lo que sí había, abrazar e integrar los cambios que en ese momento vivíamos. Pero no cabe duda de que madurar es crecer en la capacidad de aceptar desde la presencia, lo que no nos gusta y lanzarnos a la vida con la certeza de que siempre nos sostendrá.

Recuerdo un video de *National Geographic* en el cual se muestra a unos polluelos de barnacla cariblanca que viven con sus padres en acantilados rocosos. Para evitar que depredadores como los zorros árticos se los coman y para alcanzar su fuente de alimentación con la hierba que se encuentra muy abajo, las crías deben saltar al precipicio y seguir a sus padres sin nunca haber volado. En el documental se ve a cada uno de los polluelos lanzarse y golpearse una y otra vez sobre las rocas antes de llegar al piso, ante la mirada amorosa de los padres. De cinco, sobreviven sólo tres. Pues así, tal cual, es el viaje de la aceptación.

¿Se requiere del miramiento amoroso? Sin duda. Sobrevivir sin amor es imposible. Es lo que te da alas para volar, por cursi que suene, sin embargo, no te libra de la lucha interna. Si logramos que ya no haya quejas en la mente, significa que llegamos a suelo firme. Esa voz dentro de la cabeza que se lamenta por mil cosas es un huésped que se alimenta del mismo sufrimiento que causa. En el momento en que te hartes y lo eches fuera, dejará de existir. Es decir, se requiere buscar la muerte de esa voz, antes de que la muerte en vida nos encuentre. Unos sobreviven y otros no.

Todos nacemos y morimos. Lo único que la vida nos pide es trabajar a su lado para que un destino se cumpla, hacerlo con una sonrisa y de la mejor manera para aceptar lo que a cada cual nos depara.

Me fascina leer a Steve Taylor, un poeta, escritor inglés. Siempre me deja algo. En esos días abrí su libro *The Clear Light* y me topé con un poema que se titula "La alquimia de la aceptación" y encontré ese mensaje que debía aprender. Aquí un pequeño extracto:

El vacío puede ser una aspiradora,
fría y hostil, oscura, con peligro.
O el vacío puede ser un espacio radiante,
que brilla con una suave quietud.
Y la única diferencia entre ellas es la aceptación.

(...) La vida puede ser frustrante y llena de obstáculos.
Con deseos de una vida diferente
que de manera constante
perturban tu mente.
O la vida puede ser plena, llena de oportunidades,
con un flujo constante de gratitud
por los regalos que tienes
y la única diferencia entre los dos
es la aceptación.

Hoy, después de vivir toda una vida con Pablo, no dudaría ni por un segundo volver a aceptar ser su compañera de vida, como lo hice en aquel entonces cuando me pidió ser su novia y más adelante su esposa. No lo dudaría, si es cierto aquello de que elegimos venir a la Tierra y escogemos también todo lo que tenemos que aprender para nuestro desarrollo, aceptaría cada minuto de su enfermedad, de ansiedad, de insomnio y el camino doloroso que juntos transitamos. No dudaría aceptar cada instante de las dificultades, de disgustos o desavenencias que tuvimos.

Con los ojos cerrados, como aquel día en que me enamoré de él al salir de mi operación de apéndice, aceptaría absolutamente pasar cada minuto de los años de amor que tuvimos.

Un momento sagrado

El 23 de diciembre de 2020, en que ¡por fin! te liberaron de tu estancia en el cuartito de terapia intensiva en la Clínica Mayo y nos permitieron entrar por ti, ese momento en que nos vimos, me llenó de ternura. Al ver tu vulnerabilidad, comprendí que la compasión es la expresión más sublime del amor.

Como lo he dicho, siempre fuiste la imagen del hombre fuerte, protector, jefe. Por primera vez te vi como un niño, un niño que añoraba compañía, calor de familia y apapacho. Tu piel pedía a gritos recibir abrazos. Los dos nos abrazamos y lloramos juntos por primera vez. Nuestros hijos se nos anudaron. Fue un momento sagrado de unión, de amor, de fusión. Cenamos y brindamos por tu regreso a la vida, literalmente.

"Ah, cómo me choca verme caminar como viejito", refunfuñaste un día al verte reflejado en el espejo del pasillo del departamento. Paola, mi hija, de inmediato te dijo: "Ay papá, si ese espejo pudiera reflejar la enorme luz que hay en tu interior, no lo creerías". Desde la cocina escuché la respuesta y sonreí con ganas de llorar. Confirmé cuán cierto era.

En la familia, como en tu empresa, no sólo eras el jefe, eras el patriarca, en el sentido más noble. Eras el paraguas que acogía a los demás: a tus papás —que ya fallecieron—, hermanas, hijos, nietos, así como a tus colaboradores. Bajo tu protección todos nos sentíamos a salvo, amados y apoyados en el más amplio sentido.

Esa Navidad fue la más sencilla y amorosa que tuvimos durante toda nuestra vida, y la más significativa. Cuánto apreciamos estar juntos, la salud, la vida. Entre hijos, nietos y yernos, que son como otros hijos, nos organizamos como pudimos para tener todo lo mejor arreglado y cocinarte la mejor cena.

Ya con visitas diarias a revisión, nos quedamos unos días más, hasta que el 30 de diciembre nos pudimos regresar a México. ¡Por fin! Bendita tierra. El alma comienza a sanar en el momento en que pisas tu casa, duermes en tu cama, tomas el té que acostumbras; y hasta con una nueva cachorrita que Paola y Diego, su esposo, nos regalaron y nos recibía moviendo la cola. La nombramos "Güera" y nos alegró la vida. Cuánto agradezco ese regalo. En tu ausencia, ella se ha convertido en mi gran compañera. Cada vez que llego a casa me recibe con gran alegría, mueve la cola y brinca como si no me hubiera visto en un año, lo que me alegra mucho.

Al día siguiente, con una sonrisa en el alma saqué mi bicicleta y temprano me fui a la segunda sección del Bosque de Chapultepec. Al ver la explanada enorme de los compositores, franqueada por árboles de orquídeas llamadas "pata de vaca", no lo podía creer. Después de vivir gélidos paisajes durante tres meses, en la Ciudad de México nos recibían los árboles floreados y un sol radiante en pleno diciembre. En cada pedaleada respiraba hondo y exhalaba con un, "¡gracias, Dios!"

En esos días de regreso a la vida, a pesar de traer en la ingle y en la pierna las canalizaciones para drenar lo que quedaba de tu infección, salíamos juntos a caminar muy despacio alrededor de la cuadra. ¡Caminar! Otro de los privilegios que damos por hecho. El acto de colocar un pie frente al otro, de manera independiente, es un lujo que sólo aquilatas cuando algo te impide hacerlo. Ese 31 de diciembre de 2021, último día de ese año difícil, lo festejamos en familia con una pequeña comida y con esperanzas renovadas.

Después de esos meses que pasaste tan débil, nos dijo el doctor Rajkumar antes de partir hacia México: "El efecto del trasplante puede durar de dos a cuatro años. El mieloma suele regresar". Después de reponernos de la noticia, nos disponíamos a exprimir cada instante, convencidos de que, a pesar de todo, el autotrasplante y sus complicaciones, valdrían la pena.

Durante tu estancia en el hospital, recordé el relato *Siddharta*.

Todo regresa

Siddharta, el personaje de la famosa novela escrita por Herman Hesse, después de recorrer un camino muy largo, se disculpó afligido con el barquero que lo transportó en su nave de bambú para cruzar el río. Ante su sentida disculpa, el remero, tranquilo le respondió algo que se me quedó grabado: "De un río pueden aprenderse muchas cosas. Ya me regalarás algo en otra oportunidad (...). El río me ha enseñado que todo regresa". La frase hace referencia a todo lo bueno que hacemos por los demás.

El gozo de tu recuperación nos duró muy poco. A escasos días de nuestro regreso a México, tuviste otra operación de emergencia. La pseudomona había regresado. Gracias al doctor Hugo Zulaica, infectólogo, cuya serenidad siempre nos tranquilizó, saliste adelante.

Cuando te internamos en el hospital, pude comprobar que el barquero tenía razón: todo lo bueno regresa, ya sea una llamada, un encuentro casual o un contacto que en un momento dado no relacionas, pueden adquirir con el paso del tiempo otra dimensión al darte cuenta de que forman parte de un orden superior. No hay otra explicación.

En 2008, tú y yo decidimos apoyar una causa para las mujeres de escasos recursos. Busqué varias fundaciones sin quedar satisfecha. Un día, alguien me platicó "por casualidad" sobre el Instituto Marillac, una escuela con ahora 70 años de experiencia que educa a las mujeres para ser enfermeras. Las Hermanas de la Caridad, quienes dirigían el instituto, se tronaban los dedos mes a mes para cubrir las colegiaturas de las estudiantes que no podían pagar. Mi corazón de inmediato dijo: "Ésta es". Te platiqué y de inmediato me contestaste: "Va, me gusta. Yo te ayudo".

"Yo te ayudo"
Con esas palabras mágicas visité la escuela, por cierto, preciosa y grande, gracias a una donación cuarenta años atrás de la empresa ICA. Las hermanas estaban quebradas, debían un predial de años y no contaban con una fundación para hacerse de fondos. Entre los dos convocamos a un grupo de amigos y con la ayuda de todos constituimos una como se debe.

Acudimos a diversas empresas que generosamente se unieron a la causa. Conseguimos una residencia en comodato, gracias a la empresa AXA Seguros, y en su momento, a Xavier De Bellefón, su director, para que 50 jóvenes foráneas vivieran ahí mientras estudiaban la carrera con la ilusión de regresar a sus poblaciones de origen a dar servicios de salud.

Así pasaron varios años. Hasta que un día recibí la llamada de una voluntaria de La Villa de las Niñas, una magnífica escuela dirigida por monjas coreanas que educa a alumnas de diferentes estados de la República. "Gaby, las niñas al salir de preparatoria podrían interesarse en estudiar enfermería y residir allá con ustedes", me dijo. Hicimos todos los arreglos para que así fuera. Desde entonces, año con año las recibimos.

La vida nos mandó repetidas veces al hospital, en una última de emergencia para que fueras sometido a otra cirugía, cuando saliste de la sala de operaciones, dos enfermeras muy lindas, profesionales y alegres te atendieron. Durante el intercambio amable de palabras, les preguntaste: "¿Y dónde estudiaron enfermería?". "En el Instituto Marillac", nos respondieron orgullosas. Y una de ellas agregó: "Yo primero estuve en la Villa de las Niñas y después me titulé en el Marillac. Tengo cuatro años trabajando aquí en el hospital". Esto nos sucedió un par de veces. Abrí la boca sin aliento y se me salieron las lágrimas. La llamada que recibí ese día le dio una carrera a esta linda enfermera como a muchas otras más. ¿Quién nos iba a decir que aquellas niñas a las que en algún momento apoyamos, ahora eran las que te ayudaban en tu momento más frágil? No cabe duda de que el barquero y el río tenían razón:

En ese momento exhalé, sí, todo regresa...

La ceremonia del cacao

El 27 de marzo de 2021 cumplías un año de recibir tu primera quimioterapia, y era tu cumpleaños; coincidió con la Semana Santa, así que toda la familia nos reunimos en Cancún, para festejar y cerrar de manera simbólica un ciclo que se nos había presentado difícil.

Nos urgía recuperarnos un poco. Moríamos por ver el mar azul del Caribe, sentir el sol en la espalda, el aire tibio y húmedo en la cara y sentarnos en unas tumbonas a la sombra para simplemente leer.

Con motivo de la ocasión le pedimos a una chamana, amiga de Carla, nuestra hija, que nos hiciera un ritual de cierre, de gratitud: la ceremonia del cacao, algo totalmente nuevo para todos.

La chamana nos sirvió en una taza, a cada uno de los 16 miembros de la familia, un poco de cacao diluido en agua. Nos invitó de una manera muy empática a abrir nuestro corazón y a compartir lo que ese año nos había enseñado. Su esposo nos acompañó tocando una guitarra que resonaba en lo profundo del ser, y su voz parecía surgir de la tierra misma. Ambos, su esposo y la chamana, lograron un ambiente místico en el cual todos los miembros de la familia, desde el nieto más chico de 12 años, hasta tú de 73, expresamos lo aprendido y lo que agradecíamos.

Después, sobre unas conchas de tamaño mediano que previamente encontramos en la playa, una para cada uno, escribimos con un plumón indeleble emociones que queríamos arrojar al mar y deshacernos de ellas. A las ocho de la noche todos nos acercamos a la orilla de las olas y las arrojamos con fuerza, para que no regresara aquello que queríamos olvidar. "Do-lor", escribí.

El momento de unión que se creó cuando todos llo-ramos y nos abrazamos como si fuéramos a naufragar, fue la mejor vitamina. Una tarde conmovedora que se quedó en el alma de todos, incluso pudimos bromear.

¿Naufragaríamos?

"Me vale un carajo tu junta"
Durante las vacaciones de verano de 2021, regresa-mos a Cancún y a los pocos días de llegar comen-zaste a toser. Pensamos que se debía al cambio de altura, de clima, al aire acondicionado, en fin. La no-che anterior la pasaste muy mal y al ver que la tos no cesaba, me pediste que llamara a la doctora Pilar Caballero, que ya conocíamos.

—Tienes 94 de oxigenación, Pablo. Quiero que te vayas al hospital a sacar una prueba de covid.

—¿Qué? —le contestaste.

—94 de oxigenación, a nivel del mar, es muy bajo —respondió la doctora.

Nos quedamos asombrados. No teníamos idea de lo anterior.

—No puedo, tengo una junta muy importante de trabajo por *zoom*, ahorita —argüiste.

La doctora reaccionó como nunca:

—¡Me vale un carajo tu junta, Pablo! —dijo con voz autoritaria—. Te vas ahorita.

Al escuchar la seriedad de la doctora y esas palabras que jamás utilizaba, nos subimos al coche. Llegamos a la clínica indicada. Te hicieron la prueba y nos pidieron esperar en la salita.

—¿Señor Pablo González Carbonell? Pase por favor —te dijo un doctor—. Su resultado salió positivo. Necesitamos hacerle otra prueba. Tiene covid. Le sugiero se vaya a México de inmediato. Sus defensas están muy bajas y aquí en Cancún no tenemos el equipo que usted necesita para evitar una complicación.

Cuánto le agradecí a Pilar, la doctora, que te hablara fuerte, cosa que nadie se atrevía a hacer dado que tu personalidad imponía a cualquiera. Tu regreso a la Ciudad de México era urgente.

A sólo dos días de llegar, nuestras vacaciones se acabaron. El tema de coincidir toda la familia no es sencillo ¡cuánto te pesó! La vida nos mandaba otra prueba más.

En las unidades de covid de la Ciudad de México no había ni una cama libre. Gracias al apoyo de nuestros amigos y hermanos que buscaron por todos lados, te aceptaron en una. Te internaste en la unidad de covid, decías sentirte bien a pesar de todo. Como eras tan fuerte siempre supimos que la librarías. No tuviste complicaciones, gracias de nuevo al doctor Hugo Zulaica que, con su experiencia, te sacó adelante. Aunque tu salud día con día mermaba, no lo queríamos ver.

Esa experiencia me hizo admirar más a las enfermeras y a los enfermeros que exponen su vida ayudando a los pacientes, en especial a los infectados por tratar virus tan contagiosos, como lo fue el covid-19. ¡Son verdaderos héroes y heroínas! A diario entraban con todos los enfermos de la unidad para revisar sus signos, llevarles alimentos y demás.

Pienso que no les damos el reconocimiento suficiente a su trabajo. Imposible que funcione un hospital sin su servicio.

Ahora que miro las fotos cuando te dieron de alta del covid, puedo ver que en tu rostro ya se reflejaban los estragos de cada tomografía, antibiótico, quimios y demás, que supuestamente servían para curarte, pero al mismo tiempo te mataban.

Ser resiliente no es pretender que las situaciones no sean dolorosas, lo son y mucho, sin embargo, al enfrentarlas juntos las cosas cambian. A pesar de todo, tú y yo... sí, naufragábamos.

6

Viaje a Roma

**Ámate a ti mismo. Después olvídalo.
Después, ama al mundo.**

Mary Oliver

Después de tres años de noviazgo entre Pablo y yo, en el verano de 1971 me fui a Roma con Marce, mi amiga. Teníamos 18 años. El pretexto: un curso de historia del arte, convocado por los sacerdotes de la Universidad Iberoamericana, mismos que nos cuidarían. La compañía: un grupo de amigos que conocimos en el aeropuerto.

Logramos el permiso de nuestros respectivos padres al decirles que los de la otra ya lo habían otorgado. Lo cual, por supuesto, no era cierto. En el aeropuerto, con boleto en mano, nos enteramos de que los curas acompañantes no irían. A nuestras mamás no les quedó otra opción más que darnos la bendición antes de partir.

"No te vayas a llevar la blusa blanca de encaje ni el vestido verde limón, ¿me lo prometes?", me dijiste previo a mi partida. Petición que, por supuesto, no cumplí. Tú, con 23 años, te quedaste frustrado por no conseguir el permiso de mi papá para alcanzarme en dicho viaje. "Con lo que cuidamos aquí a Gaby, la verdad no me gustaría que fueras", te dijo mi papá. Petición que tú sí acataste.

Mi familia pasaba por una racha de escasez económica, por lo que vendí los ocho centenarios que mi papá había ahorrado desde que nací. Eran resultado de la compensación que le daban por participar en las juntas de consejo de varias compañías. En ese entonces su valor era de 80 pesos cada uno.

Con ese dinero compré el boleto de avión a Europa y pagué la estancia de dos meses en residencias para jóvenes, incluyendo alimentos y transporte. Mi presupuesto, sobra decir, era mínimo. Razón por la cual, mi amiga Marce —que iba en las mismas condiciones— y yo nos alimentamos a diario de risas, experiencias, un sándwich para cada una y un refresco de cola —lo más caro— para las dos.

Tú, desde México, me llamabas una o dos veces a la semana por teléfono. "Signorina Gabriela Vargas, telefonata", me tocaban a la puerta del cuarto en las madrugadas. Salía a contestar en bata, muerta de frío y acompañada por mi amiga Marce, quien heroicamente se sentaba en el suelo, bajo el foco del corredor, por el temor a un grupo grande de hombres que residía en el mismo piso y con el que compartíamos baños y regaderas. El teléfono de pared se encontraba a la mitad del pasillo y daba servicio a los

100 estudiantes de la residencia, que en 1960 sirvió para alojar a los atletas durante las Olimpiadas en Roma y se encontraba a las afueras de la ciudad.

A diario caminábamos una cuadra muy larga para tomar el camión que nos llevaba al centro de la ciudad. Pronto comenzamos a notar que, cada vez que recorríamos el trayecto, desde los coches que aminoraban la velocidad al pasar a nuestro lado, los hombres nos gritaban: "Cinquemila lire, signorina". Nos encontrábamos en una zona roja, sin tener la menor idea de ello. Los pasajeros de los autos nos repetían la oferta hasta que por nuestra seriedad, que casi siempre estaba a punto de explotar en carcajadas, se daban cuenta de que no éramos de las chicas fáciles.

—¿Qué? Cinco mil liras es muy barato. ¿Ya te diste cuenta, Marce?, así de mal nos ven — todo el trayecto nos reíamos de las ofertas.

Componíamos la postura para vernos un poco mejor y lograr un ofrecimiento mayor para levantarnos la autoestima. ¡Cuánto te chocó saberlo el día que te lo platiqué por teléfono! No podías creer que nuestra residencia de estudiantes estuviera ubicada ahí.

Marce y yo pasamos mil aventuras que nos hicieron crecer y apreciar todas las comodidades que teníamos en nuestras casas.

Por tu parte, durante ese viaje te diste cuenta de cuánto me extrañabas. Dos meses te parecieron dos años. Mientras tanto, yo vivía la novedad en cada momento. Una de esas madrugadas al teléfono me dijiste:

—Te tengo una sorpresa a tu llegada.

—Ah, ¡ya sé!, un anillo —me apresuré a contestar.

—¡Qué colada! —me sentí mal, me di cuenta de que había sido imprudente—. Pues sí, la verdad, sí es un anillo de compromiso. Quiero pasar la vida junto a ti.

Me llené de emoción. Yo también te extrañaba mucho, no tanto como tú, y me di cuenta de cuánto te amaba, lo que no aminoró para nada mi diversión.

—Ay, gordito, pero a mi regreso en el aeropuerto van a estar mis papás y mis hermanos —protesté, pues en esa época se usaban los recibimientos multitudinarios.

—Tú no te preocupes, que cuando te lo dé te vas a sentir en las nubes.

Colgué el teléfono y regresé a dormir con una sonrisa en la boca, mientras Marce, con la mirada dirigida al techo, como de Virgen María, moría de frío y casi dormida me escuchaba.

Conocimos a pie todas las iglesias, museos, calles y parques de esa antigua ciudad. Sin embargo, cuando volví a ir contigo durante nuestra luna de miel, todo me pareció completamente nuevo. Lo que había cambiado era mi mundo y mi mirada.

Era un sábado cuando nos fuimos en bola en camión, con los amigos del momento, a la cercana playa de Ostia, que allá les parecía la gran cosa, pero que, en comparación con cualquiera de nuestras playas, no tiene nada que ver, aunque el mar siempre es el mar y se agradece. Ahí, una mamá joven jugaba con su bebé de alrededor de dos años, güero como tú. En ese momento supe con absoluta certeza que en mi vida tendría uno igual. Y así fue.

Me extrañaste mucho en ese viaje, nunca imaginé que eso provocaría un giro definitivo en nuestra vida. Visto en retrospectiva, me pregunto de nuevo si nuestro destino está diseñado por un poder superior. Cada paso, cada decisión "conectaba los puntos" de nuestra vida, como diría más tarde Steve Jobs.

En esos meses en la radio sonaba la canción de moda: "Qué será", cantada por José Feliciano, con cuya letra me sentía identificada por completo:

> ¿Qué será, qué será, qué será,
> qué será de mi vida, qué será?
> Si sé mucho o no sé nada
> ya mañana se verá
> y será, será lo que será.

Cada vez que escucho esta canción, me transporto a esa época de diversión e independencia en la que vislumbraba mi futuro junto a ti.

7

El filo plateado

Por medio del amor, lo amargo se vuelve dulce, por medio del amor, el cobre se torna oro, por medio del amor, el dolor se vuelve medicinal.

Rumi

Tu padecimiento duró 26 meses. En esas circunstancias, la vida nos invitó a despertar y a apreciarla desde otro punto de vista que no conocíamos: el de la cercanía con la muerte. Ubicados en ese mirador, qué distinto se ve todo.

"Toda nube tiene un filo plateado", es un verso del poema "Comus" de John Milton, escrito en 1634. La frase se ha tomado como una metáfora del elemento de esperanza que persiste en toda situación adversa. Cuando una nube espesa tapa el sol —que bien podría ser la felicidad—, la orilla plateada de luz es el presagio de que pronto el cielo se aclarará.

Sin duda, el cáncer cubrió nuestro mundo con un nubarrón, sin embargo, si analizo ese horizonte, también nos regaló el filo plateado al que Milton se refiere.

En ese contexto, eliminamos lo superfluo de nuestras vidas. Valoramos más la naturaleza, el aire puro, el agua, un día hermoso y el canto de los pájaros. Nos acercamos más a la espiritualidad. Estimamos más el silencio y la reflexión. Convivimos más con nuestros hijos, valoramos el significado de un abrazo y una conversación cara a cara.

Por otro lado, la enfermedad nos hizo más auténticos, reconocernos vulnerables, nos permitió sentirnos tristes o enojados y tener mayor apertura que antes. Nos dimos cuenta del poco valor que tienen las cosas materiales y pusimos una lupa en todo aquello que antes valorábamos poco o ni volteábamos a ver.

Aprendimos que trabajar a distancia es posible, así como a respetar y ser más tolerantes con los tiempos y los espacios de otros. Nos permitimos agradecer por lo que sí teníamos, por la salud de nuestros familiares. Y nos hicimos más empáticos con el sufrimiento de los demás. Nos volvimos más conscientes y nos autoengañamos menos.

Visitar los sótanos de la vida nos hace juzgar y criticar menos. Aterrizar en la realidad. Darnos cuenta de la cantidad de bendiciones que nos han sido concedidas, en lugar de enfocarnos en aquello que nos falta. Agradecer estar vivos, tener los sentidos de la vista y la escucha, desplazarnos y pensar, entre otras maravillas.

Considero que todo lo anterior formó parte del refulgente filo de luz que rodeaba a la nube negra que nos cubrió. Lo que tocaba era agradecer. Agradecer por lo que el cáncer transformó para bien, a pesar de todo el dolor y el sufrimiento que nos causó.

Al mismo tiempo, recibimos muestras cabales de cariño y apoyo. Cada abrazo, cada beso, cada flor enviada, recadito, tiempo de compañía, llamada de familia y amigos, era esa luz que tanto valoramos.

Es curioso, pero también se trata de aprender a convivir con ese borde afilado, como la metáfora de Milton, pero a la inversa. Es decir, la vida es la nube y el filo es el límite, la certeza de que se acabará.

Cada vez que salía a caminar, volteaba al cielo para encontrar en alguna nube el filo plateado. Una tarde, al detectar una, recordé una escultura que Pablo y yo vimos en un museo de París. Se trataba de una obra del artista Urs Fischer, que aparentaba ser de mármol, pero era de cera pigmentada. Frente a ella, nos tomó tiempo percibir que la figura poco a poco se derretía, debido a una vela encendida en su interior. En aquella ocasión, pasamos de la confusión a la pesadumbre de la realidad: estabas en pleno tratamiento del cáncer. Sin pronunciar palabra, el corazón se nos estrujó y se paralizó por segundos. Mientras recorríamos la exposición, una frase conocida me vino a la mente: "Para que un cerillo ilumine, se tiene que consumir". La gran escultura era una muestra de lo que en ese momento vivías, vivíamos. Finalmente, aunque no la veamos, todos traemos en el cuerpo esa mecha encendida que nos consume día con día. Como un aspecto constitutivo de nuestro ser que solemos evadir, también es la única forma de iluminar nuestra persona y nuestra vida, como bien apunta la frase.

"Las esculturas de cera son nuestro espejo, nuestra existencia", pensé en ese momento. Reflejan, en un silencio abismal, el hecho de que un día desapareceremos, por más sanos, jóvenes, atletas y fuertes que parezcamos, todos tenemos el pabilo encendido dentro de nosotros. Por medio de esa obra vimos la impermanencia de las cosas, de la vida y de nosotros mismos en el planeta. Cuán arduo es aceptarlo. Y cuando sabes que esa verdad va más allá de lo que la mente puede soportar, buscamos romantizarlo. Es muestra de la entropía inevitable que hace posible lo que hoy tiene forma, como la piedra con el paso del tiempo. Vivir el momento y exprimir cada instante es una manera de rebelarnos contra ello.

La cercanía con la muerte nos ayudó a valorar la vida y nos dio el regalo de estar más despiertos y presentes, disfrutar cada bocado, cada vaso de vino, cada cielo, cada beso y cada día. Desde el punto de vista de la conciencia, de extraña manera te sientes afortunado: con las enfermedades largas y a pesar del sufrimiento que conlleva, la vida se vuelve más vivaz que nunca, adquiere relieve, se torna sagrada en todos sus detalles. No es lo mismo vivir un instante sin saber que moriremos que vivir ese mismo instante *sabiendo* que un día lo haremos, pues el saber da sentido y hace que ese instante se vuelva único; como se volvieron esos 26 meses.

Cada uno se esmeró en dar al otro lo mejor de sí, en palabras, atenciones y buenos modos. Durante ese período tuviste la distinción de nunca quejarte, no ser víctima de nada, siempre estar de buenas y con ganas de exprimir la vida. Fuiste un gran enfermo. Cuando estabas ya en la casa de vuelta del hospital tras algún tratamiento o revisión, te gustaba ir al viejo Chapultepec a andar en bici entre ahuehuetes milenarios, para tener un rato contigo, meditar y disfrutar de la naturaleza que tanto amabas.

Convivimos por muchos días y semanas con tratamientos, quimioterapias y operaciones. En las dos o tres ocasiones en que las molestias o el hartazgo de estar en un cuarto pequeño hicieron que saliera de ti una frase en tono golpeado, pasado un rato, por tu grandeza de espíritu me decías: "Vieja, perdón, ya no aguanto". Siempre tuviste ese tamaño, otra razón más por la que me enamoré de ti para siempre.

"No puedes ir a ese viaje"

En los meses que siguieron a tu trasplante de médula —de enero a octubre— pudimos llevar una vida más o menos "normal", que alternábamos con días enteros en la Unidad de Cancerología del Hospital ABC.

Al final de cada una de esas sesiones acudía a la ventanilla de administración del hospital para revisar la cuenta que el seguro cubría. ¡No podía creer el costo de recibir un tratamiento así! Pensaba en las personas que, sin contar con un seguro, se enferman de cáncer. ¡Qué excesivamente caras son las medicinas, las quimioterapias, las consultas médicas y el hospital! Qué doloroso debe ser tener a un hijo, un padre o una pareja con cáncer y no contar con los recursos económicos, un seguro o el apoyo del Gobierno para su atención médica. Comprendí lo necesario que es ayudar a las fundaciones privadas y no lucrativas que tienen la misión de apoyar a los enfermos de cáncer. Así como lo crucial que es hacerse de un seguro de vida y de gastos médicos cuando estamos sanos. Vale la pena. No hay dinero que alcance para cubrir semejantes gastos. Y qué distinta sería la salud en nuestro país, si la gente recibiera más respaldo del Gobierno. Pero ése es otro tema.

Con más fuerza que antes

La unión de la familia era lo más importante para ti. Como sabías que de la convivencia nace el amor, desde antes de la pandemia de covid-19 planeaste un viaje con tus hijos y nietos a lugares que ellos siempre recordarían conocer contigo. En el mes de diciembre todos podían. Por supuesto, en 2020 fue imposible, así que el plan se pospuso para el año siguiente.

No habían pasado ni 12 meses del trasplante —el cual, según nos habían pronosticado, lograría que la remisión durara al menos entre dos y cuatro años—, cuando en noviembre de 2021, al hacer una prueba nueva de médula, el doctor Chávez te dijo con preocupación, mientras la enfermera picaba tu vena para introducir el medicamento:

—Pablo, no puedes ir a ese viaje. El cáncer está ya en 90 por ciento. Además, la nueva ola de covid está muy fuerte y tus defensas muy bajas por las quimios.

El cáncer había regresado con más fuerza que antes. La noticia resultó devastadora, pero tu actitud, como siempre, fue la de "todo va a estar bien, lo vamos a superar":

—No, doctor, no has entendido. Este viaje es una decisión de vida. Lo he planeado durante todo un año con mis hijos y nietos y lo voy a hacer —le dijiste con un tono que no daba lugar a debate o discusión.

Acompañé al doctor Chávez a los elevadores del hospital, donde me reiteró:

—Señora Vargas, su esposo no puede ir a ese viaje con su familia. Por favor, convénzalo de que no es prudente: está muy débil.

—Doctor, es inútil —le alcancé a contestar, antes de que el elevador llegara para despedirnos.

En efecto, ese diciembre de 2021 la ola del covid, de la variante Ómicron, repuntó en el mundo entero. De los 16 miembros de la familia que fuimos al viaje, tres se contagiaron. Y se quedaron encerrados en su respectivo hotel en el país donde se los detectaron, hasta salir negativos y reincorporarse al grupo.

"Los contagios se elevan", era la noticia que se escuchaba por todos lados. La angustia de saberte tan bajo de defensas a todos nos sobrepasaba. Por más que tratábamos de ignorar este hecho, cada día te veías más débil. Pero disfrutabas mucho vernos gozar a nosotros. Aunque no decías nada, la poca fuerza en tus piernas ya no te permitía caminar bien y la espalda te molestaba, por lo que cuando se trataba de entrar a un museo o a un espacio histórico, nos esperabas con una sonrisa, sentado en algún café. A tus hijos, yernos, nietos y a mí, siempre pendientes de ti, nos preocupaba que, en caso de necesitarlo, no hubiera ningún hospital cerca, lo que significaba un gran riesgo. Aun así, sólo te visualizábamos feliz y sano; al final, pese a cualquier pronóstico negativo aguantaste, confiamos y lo hicimos. Lo mejor de todo es que, a pesar de la debilidad de tu cuerpo, te saliste con la tuya: hiciste el viaje que tanto anhelabas y marcaste un sello en el alma de tus hijos y nietos.

¿Qué recuerdas?

Si le preguntas a cualquiera de nuestros ocho nietos "¿De qué es de lo que más te acuerdas de Papito como te decían?", todos de inmediato responden: "De los viajes que hicimos juntos". Dichos viajes los hacíamos tan cerca como al pueblo de Tepoztlán o tan lejos como resultara posible. Viajar era tu pasión. Mientras los niños fueron chiquitos, cualquier jardín con alberca era suficiente, no había mayores pretensiones. Una vez que los nietos se hicieron adolescentes, y cuando en una vacación no les vimos ni el polvo, cambiaste de estrategia: procurabas reunir a la familia en lugares alejados del ruido de las ciudades cosmopolitas, para lograr que primos, hermanos, papás y abuelos estuviéramos juntos alrededor de una mesa y provocar espacios para las conversaciones más profundas y divertidas, gracias a las que realmente nos conocimos más.

En ese tu último viaje, tras visitar algún espacio cultural, durante la cena por las noches, le dabas un premio al nieto que respondiera bien las preguntas que planteabas relacionadas con la explicación del guía y la visita. Sobra decir lo atentos a las explicaciones que estaban durante los recorridos.

¡Valió la pena! Todos atesoramos esos recuerdos.

Cuando el balance desaparece

En la fiesta de Navidad de 2021, mientras bailaba con los nietos y sobrinos, comencé a notar una molestia en la cadera derecha, que desatendí por completo. Sin embargo, conforme las semanas pasaron, esa molestia se convirtió en un pequeño dolor que con los días incrementó. Me saqué una radiografía que mostró un desgaste de cadera: "¿Yo, desgaste de cadera?, ¿cómo? Tengo 69 años y eso les pasa sólo a las personas mayores". A mi mamá de 92 años le hicieron la cirugía de reemplazo de cadera y tardó años en recuperarse. "Ahorita no, Dios, por favor", imploré. No era el momento. Pero acaso, ¿alguno lo es?

Durante los años que he estudiado metafísica, he aprendido que "nada sucede en el exterior si antes no sucede en el interior". El cuerpo refleja lo que sentimos y pensamos, incluso de manera inconsciente. Un ejemplo de ello es cuando las lágrimas sólo aparecen en el rostro de alguien que siente dolor o tristeza, no hay manera de que broten de la nada, a menos de que se deban a algún problema fisiológico, por supuesto.

—Tu centro desapareció —me dijo Elvira Cerón, mi tanatóloga—. La cadera es el centro del cuerpo que soporta el peso. La recaída de Pablo te sacó por completo de balance y el peso te venció. Tienes que esforzarte en recuperarlo.

"Por supuesto", pensé, "¿cómo no perder mi centro si eras mi compañero de vida, mi consejero, mi psicólogo, mi amante, mi confidente, mi mejor amigo, quien más me amaba y a quien más amaba yo en el mundo? Saber que nos dejarías me llegó hasta los huesos".

Por otro lado, el ortopedista negó todo lo anterior:

—Señora Vargas, el problema de artrosis de cadera —así se llama— se debe, la mayoría de las veces, a la edad. Puede suceder a partir de los 50 años, incluso antes. Me costó aceptar que yo entraba en el rango de las personas que se consideran "mayores".

—Esto es como una bola de nieve, señora —me dijo el primer doctor que fui a ver—. No hay opciones. Haga lo que haga, el deterioro continuará, no se detendrá, ya sea que practique ejercicio o se quede sentada tejiendo en su casa. La única solución es operar. "¿Ahorita?, imposible", pensaba para mí.

Salí del consultorio con la esperanza de que esa bola de nieve tardara mucho en hacerse grande. Mi atención completa estaba en ti y más sabiendo que te someterías al tan esperado tratamiento de las células CAR-T. Poco a poco, caminar se me dificultaba más. Traté de ignorarlo.

Ese desbalance emocional me llevó a recordar aquella ocasión en Cancún, en que en un parpadeo vi el equilibrio de mi vida desaparecer. ¡Cómo olvidarlo!

"Me voy de la casa"

La lección que me diste aquel día quedó tatuada en mi alma. En unas vacaciones de verano, toda la familia, incluidos mis suegros, nos reunimos en Cancún. El lugar era perfecto. Tú veías cuestiones de tu trabajo, mientras el resto de la familia descansaba en esas playas coloreadas por un Dios inspirado en plasmar toda la gama existente de azules. Acababa de entregar a la editorial uno de mis libros, cuyo trabajo me secuestró un buen tiempo. Durante meses hice malabares para atender la casa, a los niños, a ti, grabada las cápsulas de radio, daba conferencias por todos lados y entregaba un artículo semanal a los periódicos. Creía —me engañaba— que guardaba un balance. Necesitaba con urgencia un descanso.

Esa tarde nos recostamos en unas tumbonas pegadas una a la otra para ver el mar. Por fin solos, en un momento de paz. Los niños se habían ido a pie con sus abuelos a comprar un helado. En silencio, nos tomamos de las manos. La calma del mar, el sonido de las olas y la brisa fresca nos limpiaba el estrés acumulado durante meses en la Ciudad de México. Respiré hondo con los ojos cerrados, cuando escuché con el tono de voz más tranquilo y amoroso:

—He pensado muy bien las cosas, vieja. Me siento el último en tu lista de prioridades y he tomado la decisión de irme de la casa.

En ese instante el tiempo se detuvo. Un hoyo negro se tragó por completo los turquesas del mar, el sonido de las olas desapareció y la brisa se congeló. El horizonte se tornó oscuro e impenetrable a plena luz del día. Te conocía muy bien como para entender que tus palabras venían desde un lugar profundo de dolor y honestidad. Lo que más me asustó era que no resultaban de un enojo irracional, reactivo o pasajero, en el que acompañado de un portazo decimos cosas y después nos arrepentimos. Me las dijiste con un amor y una calma que aumentaba el tormento de escucharlas.

Me quedé paralizada. ¿En realidad estoy escuchando esto? Al igual que en las películas de James Bond, mi alarma interior sonaba para avisar que el lugar estaba a punto de explotar. Mi mente buscaba con desesperación construir una frase coherente que pudiera apagar ese incendio que se prendía entre nosotros. Ante ese siniestro, la palabra "perdón" me sonaba tan inútil como un chisguete de agua.

"¡Hola, ya llegamos!", el saludo repentino y entusiasta de mis hijos y tus papás con sonrisas en las caras y un cono de helado en las manos interrumpió el salto al vacío. ¡No puede ser! No pude expresarte ni expresar nada.

Nuestra actuación de "aquí no pasa nada" hubiera ganado un Oscar. Aunque estoy segura de que la energía de tensión era tan densa que a nadie engañó.

Sabía que tenías razón. En esa vorágine de trabajo te descuidé. El éxito me sacó del balance que siempre intenté llevar. En mi mente sólo aparecía la frase: "¿Para qué quiero los libros, el éxito o lo que sea, si no tengo a Pablo?" Todo lo que antes había sido mi prioridad, se revelaba en su falsedad absoluta. La cortina del teatro se abría para develar lo verdaderamente valioso de mi vida: tú y mis hijos. No había nada más.

Esa noche, cuando al fin nos quedamos solos en la recámara, intenté decirte un "perdón" que seguía percibiendo insuficiente.

—Mañana hablamos —me contestaste, antes de darte la media vuelta y fingir que dormías. Toda la noche me quedé con los ojos abiertos y la mirada en el techo, hasta que el cansancio me venció.

Al día siguiente te pedí un rato a solas. Con el corazón en la mano, te prometí que nunca más volvería a suceder y lo cumplí. Hay caídas que dejan huella y una lección permanente: no hay nada más importante que un abrazo, tu abrazo.

Gracias a ese choque de frente con la pared, pude apreciar y recordar que el amor y la armonía son el tapete sobre el cual la felicidad se mantiene de pie.

8

Las famosas células CAR-T

**Tu mensaje más poderoso
será, por mucho, tu ejemplo.**
Ron Hulnick

En enero de 2022 regresamos a ver al doctor Rajkumar en la Clínica Mayo para conocer el último tratamiento desarrollado contra el mieloma múltiple, todavía en etapa experimental: la terapia de células CAR-T. Serías uno de los primeros cuatro pacientes a los que se les pondría una vez aprobada. Una nueva esperanza.

"Debido a las medicinas y la enfermedad, necesitas tomar mucha agua para reducir los niveles de creatinina. De no lograrlo, no te aceptarán para las Car-T-cells", te advirtió el doctor Rajkumar.

Tomaste agua hasta hartarte. La creatinina permanecía alta y el que te aceptaran en la prueba se tambaleaba. Fueron días de espera llenos de ansiedad. A diario te sacaban sangre para revisar los niveles de este compuesto. Nos sentíamos como estudiantes a la espera de las calificaciones de un examen final.

"La nueva cura del cáncer", leímos con mucha esperanza artículos con este encabezado publicados en diferentes periódicos del mundo; narraban los avances sobre las células CAR-T y sobre los años de vida que ofrecían a los pacientes con este tipo de cáncer. Pero, ¿te aceptarían?

Como mencioné, dadas las bajas temperaturas que suele haber durante ocho meses en la ciudad de Rochester, Minnesota, los departamentos se comunican con la clínica a través de pasajes subterráneos. En los muros de dichos túneles se pueden ver anuncios de todo tipo, en especial de los apartamentos que se rentan. Durante uno de tantos recorridos, vi la foto del nuestro, misma que mostraba la cocina. Recordé los cuatro meses que pasamos horas y horas encerrados durante tu trasplante dentro de esa cocina, preparando las tres comidas del día; sentí escalofríos como quien visualiza una pesadilla. Así es la sobrevivencia: en el momento no te das cuenta del sufrimiento, en lo único que te concentras es en preparar las comidas, acudir a las citas médicas, poner la mesa y lavar platos con la mejor actitud posible.

Hasta después, el cuerpo se desvanece y lo lloras.

El trancazo

Volvimos a casa, era febrero y el tiempo transcurría a la espera de noticias sobre tu ingreso al novedoso protocolo médico. Vivíamos con los dedos cruzados.

Hasta que un día, recibimos la llamada del doctor de la Clínica Mayo:

—¿Señor Pablo González? Le hablamos para darle la noticia de que fue aceptado para recibir la terapia de CAR- T cells.

¡Brincamos de gusto, era la mejor noticia! Sentía que te devolvería la vida, el color y la energía de siempre. El universo se abría de nuevo.

Se planeó la extracción de tus propias células T y su posterior transporte a un laboratorio para que fueran modificadas molecularmente con un "arma especial" —al menos así lo entendí—, para que lograran atacar de manera específica a las células con mieloma. Este procedimiento se nos hacía un milagro de la ingeniería molecular. El proceso, nos advirtieron, es muy complejo en su preparación y tomaría un mes. Pero el cáncer avanzaba y un mes nos parecía eterno.

Los doctores decidieron darte otra fuerte quimioterapia, con la esperanza de que tu cuerpo resistiera hasta recibir el tratamiento de células CART-T. Mi corazón sabía que te debilitarías más, y así fue. Pienso que ellos también lo sabían y no tuvieron el valor de quitarnos la ilusión. Tú lo sabías: tenías todo que ganar y nada que perder.

Fuiste internado de nuevo en el hospital en México durante unos días. Saliste el 27 de marzo del hospital, de nuevo, la fecha simbólica: el día de tu cumpleaños. Habíamos organizado una comida en la vieja hacienda, con todos tus amigos para celebrarte. Durante los dos años de la pandemia, no habías visto a ninguno de ellos. Estabas muy ilusionado de reencontrarte con todos y festejar de nuevo y en compañía, la vida.

Los doctores te vieron tan débil que, con tan solo un día de anticipación, nos pidieron que canceláramos el festejo, por temor a un contagio de covid: un riesgo que no podíamos correr.

Ni hablar. Me puse a cancelar por mensajes y con llamadas, al mismo tiempo en que tenía que solicitar plaquetas con urgencia. La presión era enorme. El tiempo corría. Mi hermana Andrea llegó al hospital para llevarnos comida y me reprochó que no pidiera ayuda, que no le avisara de la gravedad de Pablo a la familia y exploté. No podía más. Me desahogué con ella. Yo misma no lo quería reconocer.

Habían pasado apenas 15 días de nuestra llegada a México cuando una mañana, sonó tu teléfono celular:

—Le hablo de parte del doctor de la Clínica Mayo para avisarle que en el laboratorio Jansen tuvieron un problema con una manguera del equipo. Sus células principales se echaron a perder, pero están las de reserva, que representan 70 % de lo que antes teníamos, todavía sirven para el tratamiento. La mala noticia es que la terapia tiene que retrasarse, al menos, un mes más —dejamos de respirar.

El cáncer estaba en 90 % y la quimio te había debilitado mucho. Cada día que pasaba las probabilidades de sobrevivir se reducían. Comenzaste a necesitar transfusiones de sangre y de plaquetas casi a diario, te devolvían la vida, sin embargo, la ilusión duraba unas horas. El hospital en México reportaba que cada vez era más difícil conseguir las plaquetas o que la sangre fuera compatible.

Mientras tanto, mi dolor en la cadera al caminar aumentaba día con día, y aunque lograba ignorarlo, era un tema que a ti te preocupaba mucho. "Ahorita no, Dios, por favor".

La gente buena existe

Muy cierto es aquello de que nadie experimenta en cabeza ajena. Sólo cuando atraviesas por determinadas situaciones, eres capaz de comprender a otros que ya las vivieron o las viven.

—Hola —escuchamos la voz de un desconocido al otro lado del teléfono del cuarto del hospital—, mi nombre es Axel y escuché en la radio que necesitan donadores de plaquetas.

—Muchísimas gracias, de momento tenemos suficientes y el banco de sangre nos dice que, de no usarse en unas 24 horas, se echan a perder —respondimos.

—Sólo quiero decirles que yo entiendo lo que es estar en su situación. Mi hermano estuvo muy grave y se salvó gracias a los voluntarios que donaron plaquetas.

Eso lo sacó adelante y es algo que nunca voy a olvidar. Así que cuenten conmigo para donar en el momento en que lo necesiten y tengo amigos que estarían felices de hacerlo también. Les dejo mi celular.

Nunca nos dijo su apellido.

Colgué el teléfono y se me salieron las lágrimas. ¡Cómo hay gente buena! ¿Cuántas veces escuché en la radio el llamado a donar sangre?, pero siempre lo desoí, con soberbia, indiferencia y un egoísmo tal que hoy me avergüenzo. La reacción inmediata, desinteresada y generosa de muchísimas personas es como el atropello de un camión cósmico, un despertar para ver que no todo mundo es tan egoísta y collón como quien esto escribe.

Al banco de sangre llegaron familia, amigos —cercanos y lejanos—, compañeros de trabajo, amigos de los amigos, lo cual nunca esperamos, y la afluencia fue tal que el banco se saturó. Pero lo que nos dejó en verdad perplejos fue que ¡llegaron personas totalmente desconocidas! No podía creer tanta bondad. Nunca habíamos necesitado pedir sangre o plaquetas. La lección que la vida nos dio como familia nos dejó a cada uno de los integrantes con la boca abierta. Atestiguamos lo que es un acto de compasión, comunidad y solidaridad humana, que nos obliga a retribuirlo de alguna manera.

Bien dicen que hace más ruido el árbol que cae que el bosque que crece. Sumergidos en las noticias dolorosas y en las diferencias políticas, los mexicanos hemos olvidado que sí hay mucha, muchísima gente buena que conforma la mayoría de nuestro país. Hablar de lo malo sólo refuerza lo malo. Hablemos también de lo bueno.

Si me preguntaran: ¿Qué es lo más valioso que tienes después de la vida? Mi salud y mi tiempo, ¿cierto? Pues en casos como éste lo que donas es exactamente eso: tu tiempo y salud. Y si, además, no conoces a la persona que la necesita, el hecho se convierte en un acto heroico.

Lo agradecimos tanto porque a pesar de los problemas que cada quien vive; a pesar de las distancias, del tráfico; a pesar de la incomodidad que significa salir de la rutina, anteponer las necesidades de otros a las suyas; el tener que formarse la persona, esperar y llenar un cuestionario interminable; someterse a un procedimiento en el que le pican la vena para ver si era candidato, donde después tenía que esperar diez minutos a que le dijeran si lo fue o no, y de serlo, entonces recibir otro pinchazo para sacarle por 15 minutos el líquido que da vida; o bien, tomar una hora y media de su tiempo en caso de que sí pudiera donar plaquetas, es algo a lo que no se le puede asignar ningún precio. La sangre no se puede vender ni comprar, me enteré en esos días. No se puede almacenar por mucho tiempo ni producir de manera sintética. Entonces, no hay joya, objeto material que se le pueda comparar: donar vida es simplemente el mejor regalo.

La edad me impide ahora donar sangre, mas la gratitud que a toda la familia nos dejó en el corazón hará que, de alguna manera, retribuyamos este acto de infinita generosidad.

Contra las epidemias de mal, ¿por qué no responder con un contagio de bien?

"¡Ya váyanse!"

"Yo les sugiero que ya se vayan a la Clínica Mayo, aquí cada vez es más difícil encontrar plaquetas y además, con tantas transfusiones recibidas, como han visto, se vuelve cada vez más difícil encontrar la compatibilidad con su sangre", nos dijo el doctor Chávez.

Regresamos a la Clínica Mayo. Mientras recibías otra transfusión, entró el doctor Rajkumar, al vernos solos en el cuarto —nuestro nieto había ido por un café— nos dijo:

—Sé que para ustedes el apoyo familiar es muy importante, ¿por qué no se regresan a México?

¡¿Cómo?! su sugerencia nos desconcertó a los dos. Un doctor nos mandaba con urgencia a la Clínica Mayo, y el otro de regreso a México. Asumo que el doctor ya te veía muy grave, sin embargo, nos vio con tanta esperanza en las CAR-T, que desvió la conversación.

La frase se me clavó en el alma. Al mismo tiempo, no quería reconocer su significado. Nunca la comentamos, fingimos no escucharla.

Cada día te debilitabas más...

¡El tratamiento llegó!

El 10 de mayo, como regalo del Día de las Madres, nos llamaron para avisarnos que ¡por fin, el tratamiento había llegado! Brincamos de gusto. Una corriente de aire nuevo nos permitía exhalar.

—Todo mundo habla de los beneficios de las CAR T-cells, este nuevo tratamiento, pero nadie menciona lo que se tiene que pasar para obtenerlos —nos dijo el médico especialista que te atendía en el tratamiento.

Por primera vez, veíamos la sombra de la esperanza.

—Una vez que las CAR T entren a su cuerpo, el rechazo será total. Provocarán una inflamación en todas y cada una de sus células. Los órganos pueden quedar dañados para siempre, incluido el cerebro. Incluso existe la posibilidad de morir. Esto debido a que, a pesar de que las células son suyas, su cuerpo ya no las reconocerá por la modificación recibida en el laboratorio —nos dijo el especialista con la frialdad de quien habla de tuercas en un coche, y continuó—. El periodo más arduo, comenzará unos días después del momento en que se las infiltren y durará una semana completa. ¿Entendido?

—Sí, doctor —contestaste con voz firme.

En ese momento, el doctor sacó de su cajón un grupo de hojas membretadas y engrapadas que te hizo leer y firmar. En ellas, la Clínica Mayo se protegía de cualquier tipo de demanda y advertía sobre todos los riesgos que correrías, ya mencionados por él. Una vez más la esperanza de conseguir días, años más de vida, aunado al pensamiento mágico, de "a mí no me va a pasar" nos habitó. Ni caso hicimos a las posibles repercusiones que las diez hojas decían. Firmaste sin dudarlo.

Al día siguiente, temprano, te infiltraron tus propias células T, contenidas en una bolsita de plástico pequeña. Una maravilla de la ciencia. Cuando le mandamos la foto al doctor Chávez se emocionó de saber que serías el receptor.

Los primeros días de hospitalización transcurrieron con tranquilidad. Platicábamos y escuchábamos música de una pequeña bocina que hacía que las horas pasaran más rápido. Todo parecía ir en orden. Sólo notaba que cada día dormías y dormías más.

"Dormir lo recupera mucho", pensaba, ignoraba por completo que fuera una señal de la cercanía de la muerte, tal y como lo intuyó Elvira, nuestra tanatóloga, a quién en su momento no quería creerle y a quien agradecí su acompañamiento y cercanía.

Nunca supimos que ahí, en ese cuarto de hospital, serían las últimas conversaciones que tendríamos contigo cien por ciento consciente. ¿Cómo no te hice más preguntas, cómo no platicamos más, en lugar de escaparnos de la realidad en la respiración que el iPad nos daba?

De haberlo sabido…

Al día siguiente comenzaste con escalofríos y algo de confusión mental. Esa misma tarde tenía yo que volar a Miami para recibir a tu nombre el *Lifetime Achievement Award,* que te otorgaba la organización y que se había agendado desde enero: Hotel Opportunities Latin America (HOLA), líderes en la industria del turismo, en su convención. Me fui muy inquieta.

—Por favor, gorda, ve…. —me pediste.
Tardaría 24 horas en regresar a ti.
De haberlo sabido…

9

En las nubes

**El porvenir ya está fijo,
pero nosotros nos movemos en
el espacio infinito.**
Rainer María Rilke

A mi regreso de Europa, el avión que hacía escala en Miami se retrasó cuatro o cinco horas. Mi asiento se ubicaba en la última fila, en el lugar pegado al baño, por lo que, durante las 11 horas que duró el vuelo, no pude reclinar mi asiento ni pegar un ojo.

Con ojeras y atarantada me bajé del avión cargada de bultos —hábito que más tarde me quitaste, pues te chocaba. Al llegar a la sala para abordar la conexión hacia México, escuché mi nombre en el altavoz: *Miss Gabriela Vargas, please go to the American Airlines counter.* "Qué raro, ¿estará mal mi boleto?"

—¿Gabriela Vargas? Tiene usted un pasaje pagado en primera clase de Miami a México —dijo la señorita de uniforme mientras yo la escuchaba incrédula.

—¿Qué?, ¿yo? ¡¿Es en serio?!

Seguro mi papá se arrepintió de mandarme tan pobre al viaje. ¡Qué maravilla! Pensé fascinada. El asiento de adelante seguro se reclina y por fin podré dormir. Desde que era chica, el misterio de lo que habría detrás de la cortina azul era motivo de intriga para mí.

Abordé el pasillo con mis bultos y algo de torpeza. De pronto, escuché esa voz cálida, profunda y muy familiar:

—Gabrielita —no supe de dónde provenía hasta que volteé hacia la cortina azul. Parado, justo en medio, estabas tú. Solté todo y como pude corrí a abrazarte. ¡Te vi tan guapo y alto! Como siempre, olías divino y reconocí la piel cálida de tu cara que ante las novedades del viaje había olvidado cuánto extrañaba.

—¿Qué haces aquí? —te pregunté eufórica.

—Vine por ti. Pásale y siéntate. Me señalaste el asiento número dos a la izquierda detrás de la cortina azul.

Aún estupefacta por la emoción, regresé por mis cosas que había botado a medio pasillo y que los pasajeros detrás de mí, al darse cuenta de la situación, amablemente habían vigilado.

El avión despegó y la sobrecargo se acercó para ofrecernos champaña —que en ese entonces se daba en los vuelos. Para mí, la experiencia era única, en muy contadas ocasiones había probado esa bebida.

Alzaste tu copa para decir "salud" y, metida de lleno en ese ensueño, levanté la mía.

En el momento en que el avión atravesó el colchón de nubes, colocaste el anillo de compromiso en mi dedo anular:

—Te dije que te ibas a sentir en las nubes —afirmaste con orgullo. Casi me desmayo. El *timing*, como siempre, era perfecto. Habías planeado cada elemento segundo a segundo— ¿Te quieres casar conmigo? —me preguntaste con voz amorosa.

Nos abrazamos y lloré de amor y gratitud.

—¿Me dejas pensarlo? —te contesté.

—¿Cómo? —replicaste con los ojos tan abiertos como podías.

A los 18 años tenía la cabeza llena de frases como: "¿Será la decisión correcta?, ¿será el hombre de tu vida?, ¿lo amas lo suficiente para pasar el resto de tus días con él y formar una familia?"

Cuatro años de noviazgo no parecían suficientes para responder esas dudas que imponía la razón:

—Es la decisión más importante de mi vida y quiero estar segura —te respondí.

Respetaste mi respuesta y te lo agradecí.

En la madrugada, el avión aterrizó en el Aeropuerto Internacional de la Ciudad de México. Mis papás y hermanos chicos me esperaban. Antes de decirles "hola" a mis progenitores desvelados, estiré el brazo por enfrente y llena de emoción le mostré la mano con el anillo a papá. No se lo esperaba:

—Ahorita ya es muy tarde, mañana platicamos —sentenció con voz seria para disimular la sorpresa.

Qué lejos estaban esos días en que, por trabajo, mi padre manejaba a Estados Unidos durante días y me prometía traer unas pastillas que convertían los ojos cafés como la tierra, en azules como los cielos de Oaxaca. Esperaba con ansias su llegada y la de las pastillas. A su regreso, utilizaba todos sus dones de vendedor para convencerme de otra cosa y que se me olvidara lo prometido. Tenía la magia de hacerme ir de ilusión en ilusión.

Cuánto lloró mi papá el día en que mis suegros hicieron una cena en su casa para darnos la bienvenida de la luna de miel. Conmovía verlo llorar y sollozar como un niño, sin tapujos, ante sus recién estrenados consuegros y familia. Tarde se daba cuenta del tiempo que dedicó a salir adelante y a trabajar sin descanso. Su hija mayor se le iba de la casa a los 19 años, sin haberla disfrutado más como niña ni como adolescente.

Mi mamá, quien siempre te adoró, y te abría la puerta de la casa en la noche para que me llevaras gallo, a sabiendas de que mi papá le reclamaría después, se puso contenta al ver el anillo, aunque lo disimuló muy bien.

Nos despedimos de ti. Le diste la mano a mi padre. Sin embargo, te quedaste con la interrogante de si me casaría contigo.

Camino a casa, sentí la energía tensa de mi papá, así que platiqué con mi familia de todo, menos del anillo. Nos concentramos en las anécdotas del viaje y en trivialidades.

Al día siguiente, mi papá me sentó en su despacho —lugar para abordar temas serios—, para platicar acerca del anillo de compromiso. Me di cuenta de que me encontraba tranquila ante sus cuestionamientos. Durante los tres meses que había pasado fuera de casa, había madurado. Me descubrí fuerte. Independiente. Había aprendido a valorar y a administrar los muy escasos recursos que tenía, a viajar sin la tutela de la familia, y a apreciar la compañía y el cobijo que dan las amigas.

Acapulco

Eran vacaciones de verano. Al día siguiente de que llegué del viaje, mi mamá, mis hermanos y yo partimos en coche rumbo a Acapulco. Tú, de inmediato te apuntaste y te fuiste por tu lado.

Llegamos a un pequeño hotel. Te incorporaste a los planes familiares, pero tenías un pendiente: todavía no te daba el "sí".

La tarde siguiente, con el permiso de mi madre, quien intuía que la boda era un hecho, tú y yo nos fuimos a ver el atardecer a Pie de la Cuesta. ¿Te acuerdas? Era un día hermoso, allí me abriste tu alma y volví a respirar el aroma dulce de tu piel y tus palabras llenas de amor:

—Vieja linda, prometo hacerte la mujer más feliz de la Tierra —declaraste desde esa reserva inagotable de gentileza que tenías. Volviste a estirar los brazos ofreciéndome tus manos, al igual que lo hiciste cuatro años atrás en aquella posada en que me pediste ser tu novia. El tiempo se congeló y se formó un espacio mágico en el cual sólo tú y yo existíamos.

No tuve duda alguna, te di mis manos, segura de lo que hacía.

Ante algunos acontecimientos como los que ahora he narrado, una vez más, no puedo evitar preguntarme si nuestra vida estaba trazada de antemano. Aunque ignoro la respuesta, sé que en nuestro tránsito por ella hay una fuerza fundamental, un imán que nos atrae, nos jala y nos llama hacia nuestro destino, que en el momento no sabemos a dónde lleva ni cómo será el viaje. El llamado a veces se presenta como un deseo claro y fuerte y, otras tantas, es sutil y huidizo. Se trata de un saber que sólo el alma entiende. El cerebro lo puede ignorar y hacer a un lado, mas el cuerpo lo siente y al sentirlo se vuelve irresistible, tanto como misteriosamente inexplicable.

La música de nuestra época

El disco de Astrud Gilberto lo escuché hasta que se volvió transparente. Lo tocaba en un tocadiscos portátil rosa que mis papás me habían regalado en Navidad. La voz satinada, inocente y un poco misteriosa de la cantante, tenía la magia de conducirme por medio de "La chica de Ipanema", "Fly Me to the Moon", "The Shadow of Your Smile" a un lugar de enamoramiento y encanto, donde el mundo era perfecto y el futuro una promesa de amor, mientras permanecía recostada sobre la cama con la mirada en el techo, en donde a modo de pantalla se proyectaban mis sueños.

Mi noviazgo contigo me introdujo en un universo totalmente nuevo de sensaciones y experiencias. Fue en una celebración por haber cumplido meses como pareja, que tú me regalaste el disco de vinilo, un LP de 33 revoluciones cuya portada era el rostro de Gilberto con fleco y pelito lacio muy corto a la altura de la boca. ¿Te acuerdas? Escuchar el disco me servía de refugio cuando me sentía triste, feliz o cuando quería estar sola regodeándome en esa nostalgia que, sin razón alguna, suele invadir a los adolescentes.

En cada fiesta de cumpleaños de mis amigas o en las de paga con las que se fondeaba la futura graduación de prepa, después de haber bailado la música disco o las canciones de los Beatles hasta agotarnos, al escuchar "La chica de Ipanema", que hiciera famosa esta brasileña, las parejas nos apurábamos a llegar a la pista para bailar con los cuerpos pegados: las tonadas calmaditas eran el pretexto perfecto. Con ese ritmo cadencioso, me fascinaba percibirme entre tus brazos que me envolvían. Mientras aspiraba tu aroma a English Leather o Vetiver de Guerlain que me hipnotizaba. Tu deliciosa fragancia fue una de las cosas que me enamoró de ti. Un detalle que cuidaste hasta el fin de tus días y yo tanto te agradecí.

Es curioso observar a qué etapa de nuestra vida asignamos el nombre "mi época". Encuentro que lo usamos para señalar el periodo en que nos considerábamos jóvenes, felices, espontáneos, aventados, cuando vivíamos el presente en la diversión total, rodeados de amigos que parecían ser para toda la vida, con los que reíamos, bailábamos en la disco al son de la música de moda y entonábamos cada palabra de las canciones; ataviadas, las niñas, con minifalda, pelo lacio y maquilladas con crayones de Mary Quant (que sólo algunas tenían),mientras nos sentíamos grandes con un cigarro —al que no sabíamos dar el golpe— entre los dedos y experimentábamos por primera vez el sabor de un *gin and tonic*.

Años más tarde, cada vez que escuchábamos *bossa nova*, ritmos creados por Antonio Carlos Jobim, Jõao Gilberto o Sérgio Mendes y su Brasil 66, que predominaron en las décadas de 1960 y 1970, todas esas sensaciones volvían a nosotros. Ahora, con mis hijos y nietos, me descubro diciendo con una sonrisa: "Es la música de nuestra época".

Cuando estabas en el hospital, ya sedado, te poníamos la música de Astrud Gilberto con la esperanza de que te transportara a *nuestra época* y revivieras aquellos momentos en los que bailábamos abrazados y soñábamos en compartir la vida juntos y para siempre. Estoy segura de que la escuchabas y sonreías por dentro.

La boda

Los testigos para nuestra boda los escogieron mi papá y El Güero, quien con Leonor, fueron mis amigos y cómplices, más que suegros. Eran políticos de aquel entonces. Aceptamos sus propuestas para darles gusto, a pesar de que teníamos en mente a algunos amigos para ocupar ese título simbólico.

¿Te acuerdas que el día anterior a la boda civil, todos los testigos cancelaron su asistencia al enterarse de que el presidente Richard Nixon llegaría a la Ciudad de México? Así que nuestros comprensivos amigos aceptaron ocupar su lugar.

El 21 de abril de 1972, la iglesia de La Santa Cruz en El Pedregal, tenía poco de abrir sus puertas, se iluminó únicamente con velas, cientos de ellas, detalle que planeaste y supervisaste. El Güero nos regaló el coro de 30 personas que, instalado frente a nosotros, de espaldas al altar, hizo que pareciera que los ángeles nos acompañaban en la ceremonia.

Decidimos de manera previa que, en el momento en que teníamos que leer la consabida frase: "Yo Pablo, te acepto a ti, Gaby como esposa", no seguiríamos ese formato y, en cambio, hablaríamos de lo que nos surgiera del corazón. A las ocho de la noche, con la iglesia iluminada con grandes cirios y dos reflectores dirigidos a ti y a mí, ambos de pie y con las manos tomadas, escuché la transformación en palabras del amor y la grandeza de tu alma. Y "hasta que la muerte nos separe" se cumplió.

Si el día de la boda me hubieran dicho que en 50 años estaríamos más enamorados que entonces, nunca lo hubiera creído. Cuando anticipas una sociedad íntima de tan largo aliento, imaginas que el aburrimiento puede ser inaudito, que la rutina y la falta de novedad se comerán la relación. Cuando hay amor, el matrimonio, que no es un viaje sin obstáculos donde abundan las noches oscuras o dolorosas, sale adelante. Tomados de la mano, todo se puede superar.

Así salimos sobre esa alfombra color rosa mexicano encendido, con nuestras sonrisas confiadas. Tú hacías realidad esa visión que tuviste el día que nos conocimos y yo desfilaba con la certeza de que sería muy feliz y nunca me faltaría nada. "Date a deseo y olerás a poleo..."

Subimos a un antiguo Ford Packard bien lavado y pulido para la ocasión, que mi querida amiga Bety nos prestó, bajo una lluvia de arroz que los amigos arrojaban, para dirigirnos a la fiesta en el hotel Camino Real, recién inaugurado. "¡Por fin solos y sin chaperones!", exclamaste. Ese gusto nos duró un segundo.

9. En las nubes

Mis dos hermanos pequeños, Adrián y Alejandro, con pantalón corto, se treparon de inmediato al automóvil antiguo, con la ilusión de conocerlo por dentro. Llegamos a la fiesta de nuestra boda, para variar, acompañados.

131

10

Cuando la vida avisa

Nos convertimos en lo que amamos y quien amamos da forma a quienes nos convertimos.
Clara de Asís

Solemos ser medio escépticos a estas teorías, hasta que compruebas que son verdad, aunque la razón no las pueda explicar. El Universo, Dios, la Vida, manda señales de manera constante, nos dice Carl Jung, quien estudió los símbolos, los sueños, la sincronicidad y su significado. El corazón también lo hace, sólo que estás tan en el afuera, tan distraído que no las ves, o no las quieres ver.

Después de la muerte de un ser querido, como sobreviviente volteas hacia atrás y tratas de descifrar cualquier tipo de señal, aviso o presagio que te ayude a comprender el misterio de la muerte y que te asegure que él o ella, se encuentra bien y en paz.

Por primera vez, durante el mes de mayo de 2021, después de habitar la casa durante doce años, de manera muy extraña llegaron una especie de pájaros que nunca habíamos visto. Era la primera vez que llegaban. Lo extraño fue que, muchos de ellos comenzaron a estrellarse en los vidrios de la ventana de nuestro cuarto, tan fuerte que les provocaba la muerte. ¿Te acuerdas? ¡Nunca había sucedido tal fenómeno! "Qué raro", pensé.

No soy ni fuiste supersticioso. Pero, con cada pájaro que levantaba inerte del pasto, el alma se me encogía. Al principio pensé que se trataba de un accidente, pero ¿otro y otro y otro? la cantidad y frecuencia de pájaros caídos, comenzó a darme muy mala espina. Traté de esconderte los hechos. Sin embargo, tú también te diste cuenta. Los dos disimulamos lo abrumador de la situación. Lo comentamos como si fuera algo casual y soslayábamos el tema. Pero, al día siguiente: un pájaro más. Así sucedió durante todo el mes de mayo. Intuía que la vida nos mandaba un mensaje, que no me gustaba nada, y lo barrí debajo del tapete.

Al año, en el mismo mes de mayo de 2022, tú morirías. ¿Casualidad? ¿Aviso de la vida para que disfrutaras tu último año? ¿Sincronicidad, como la llamaría Jung? En verdad no me lo explico. Es un fenómeno que nunca había pasado ni ha vuelto a suceder. Pero, no sólo es la vida la que nos avisa, también el propio corazón lo hace.

Cuando el corazón avisa

Ahora sé, aunque en su momento no lo supe —o no lo quise ver—, que mi duelo no empezó con tu partida que ya se acercaba, aunque lo ignorábamos por completo, sino diez días antes o ¿quizá 26 meses?

Tal como sucede al inicio de las obras de teatro, tuve tres llamadas o avisos previas que no supe interpretar. Sabía que tu salud se deterioraba, siempre cubrí la situación con el tamiz de la esperanza. Supongo que la conciencia, en un modo de sobrevivencia, cierra los ojos ante lo inminente. Una vez más la pregunta sin respuesta: ¿Qué hubiera hecho distinto? No sé, quizá todo o tal vez nada.

Antes de los sucesos finales, en tres ocasiones sentí ese vacío angustioso, esos sollozos contenidos que me avisaban lo cercano de nuestra despedida. Lo intuí y tampoco quise reconocerlo.

El 18 de mayo, nueve días antes, Lupe, tu hermana, me acompañó a Miami a recibir tu premio. La cadera ya reclamaba mucho, pero los dolores se sienten menos si uno los ignora. Sin embargo, tuve que pedir una silla de ruedas en los aeropuertos. Caminar distancias largas era un viacrucis.

Mi alma la había dejado junto a ti en el hospital, por lo que yo no estaba en mí y no tenía cabeza para nada. Gracias a Lupe, regresé por mi pasaporte y en el aeropuerto ella fue a comprar un café, a su regreso, me hizo ver que estaba sentada en la puerta de salida equivocada. Benditas cuñadas.

Durante la escala en Atlanta, de pronto de la nada, me faltó el aire. Una sensación de asfixia desembocó irremediablemente en ese llanto que surge del vientre y me dobló. Hiperventilaba con una ansiedad incontrolable. Necesitaba con urgencia respirar y sentir que el aire llegaba al fondo de mis pulmones, comencé a respirar muy corto y rápido, como cuando acabas de salir de una alberca, después de aguantar por unos minutos la respiración.

Nunca lo había experimentado. Lupe buscaba darme consuelo de mil maneras. Mi cuerpo sabía que algo no estaba bien. ¿Cómo lo supe? No lo sé. Sin embargo, en ese preciso instante —después me enteré—, te subían a terapia intensiva. Sin duda, estábamos conectados energéticamente. Sufrías y sufría.

Desde ese día comprendo y compadezco a las personas que han padecido ese grado infernal de ansiedad. Puedo decir que es el infierno mismo. Pienso lo terrible que debe ser soportar una vivencia así, solos. Lo único que consuela es sentir amor y contención.

Sin embargo, también sé que es algo que tenemos que superar y controlar. "Inhala y exhala lento y profundo", me repetía una y otra vez. Era inútil.

El impacto de la llegada a Miami fue como caer en otro planeta. El hotel sede era un casino tipo Las Vegas, con un ambiente de oscuridad creado a partir de iluminación artificial, música fuerte, anuncios digitales de diversos espectáculos, totalmente ajeno a lo que mi alma sentía. A los cinco minutos de entrar, me aturdí. Después de vivir tantas semanas dentro de un hospital con un ambiente de silencio, el estar en ese entorno, resultaba surreal. Nunca pensé extrañar Rochester, que en la primavera comenzaba a mostrar su lado amable.

Olvidé empacar mi melatonina, magnesio y menjurjes que tomaba para dormir, así que esa noche dormí a sobresaltos. Al día siguiente, el premio sería a las 10 de la mañana. Apenas probé el omelette gigante que llegó a mi cuarto. Con ojos rojos y ojeras marcadas, tenía que dar un discurso en tu nombre en inglés, lo que significó ponerme tacones y arreglarme —algo a lo que ya me había desacostumbrado. En la ceremonia temblaba como una hoja, de frío, de temor, de desconcierto y de sentir un huésped amargo y extraño dentro de mí. En las palabras de agradecimiento, me apreté muy fuerte con la uña un dedo para que, al lastimarme, me impidiera llorar a la mitad de la ceremonia.

Saqué adelante la misión, aunque se me quebró la voz, lo cual me advertiste que no sucediera. No lo pude evitar.

Al término de la ceremonia corrimos a tomar el avión de regreso a Rochester. Al llegar al aeropuerto, tuve de nuevo esa sensación de angustia y falta de aire que me provocaba hiperventilarme. Algo no estaba bien. Llamé a Paola para que me diera noticias tuyas y, como no eran buenas, prefirió no contestar el teléfono. Por chat me puso que todo estaba bien, que no me preocupara. Sabía que no era así.

El salto al vacío ya estaba dado. No había manera de negociar con los doctores, ni con la vida, ni con el mismo Dios. El desamparo era total. Nada me consolaba.

En mi mente recurrí a todas las figuras celestiales, religiosas que de chica me enseñaron, con esperanza de que alguien respondiera. Recé, pedí, imploré… nada. Sentí que nadie me escuchaba. Intenté todo tipo de respiraciones que sabía para que me regresaran a un estado de calma. Imposible.

En mi vida de adulta, comprendí que Dios no era esa figura humana y personal que nuestra mente limitada ha formado y me habían inculcado. Sabía que era algo más, algo mayor que nosotros. Algo tan basto como el amor, la inteligencia que da origen a toda la creación de la vida que permea en nosotros y somos parte de él, pero no tiene figura ni forma.

Dios trasciende toda dimensión y concepto. Es tan abstracto que encontré difícil asirme de él. Me sentí como una niña perdida en la noche sin encontrar a sus papás. Desprotegida. Desamparada.

Más tarde lo supe. Ese momento coincidía justo con que a ti te conectaban a una máquina de hemodiálisis a la yugular. ¡Te prometí que no lo permitiría! La simbiosis entre tú y yo era indudable.

Ahora sé que siempre sabemos cuándo las cosas no van bien.

"Todo irá bien". "Todo saldrá bien". "Verás que sí". Y a pesar de que la mente quería seguir con el engaño, de alguna manera intuía la verdad.

Aprendí que la esperanza nos lleva de la mano, nos dejamos seducir con su murmullo, está junto a nosotros mientras nos ayuda a pasar por todo lo que se nos viene encima como un derrumbe. Hasta que llega el momento en que no, en que entendemos que nada irá bien, que nada saldrá bien. Ya no.

Entonces la esperanza nos dice adiós o nosotros somos quienes la dejamos ir.

La semana crítica

A mi regreso de Miami, encontrarte en terapia intensiva fue como un golpe en el estómago. Tenías los ojos cerrados. Me bastó una mirada para saber cuán grave estabas. Ahora era yo quien te colocaba la mano sobre tu pierna encima de la sábana para transmitirte todo mi amor. ¿Lo sentías? Te acompañaban los distintos sonidos de "bips" de las máquinas que taladraban el alma. Las líneas luminosas en las pantallas de distintos colores subían y bajaban. Sentí un derrumbe por dentro. La vista se me nubló por completo. Te acaricié la cara, te di un beso y te susurré al oído que "todo estaría bien". ¿Me escuchabas? Sabía que era el principio del fin. Me diste una ternura enorme al ver que tenías al menos trece bolsitas de sustancias conectadas a tu cuerpo por medio de catéteres. Eso era precisamente lo que no querías. Te acaricié los espacios libres que quedaban en tus brazos, en tu cara, en tu cabeza y en tus piernas. Tu cubículo era el tercero a la izquierda de un círculo de varios en torno a la estación de enfermeras.

—Si a medianoche necesita intubarse, ¿lo autoriza? —me preguntó el doctor, jefe de terapia intensiva, una noche antes de retirarnos del hospital. Le dije que no, que en caso de emergencia, nos llamara al departamento a la hora que fuera.

Llamé a Pablo y a Carla, tus hijos, para que prepararan su viaje y llegaran pronto a verte.

Esas mañanas recorría los pasillos de ese séptimo piso, en que nunca se hacía de noche, en un *scooter* rentado que tú antes usabas para transportarte.

Los dolores provocados por el cáncer en todo el cuerpo hicieron que te dieran analgésicos más fuertes hasta sedarte. Los médicos me prometieron que no sufrirías. La mayor parte del tiempo la pasabas dormido. Cuando los opioides fueron insuficientes, te cambiaron a una droga más fuerte. Cuando la dosis se acababa, mostrabas y expresabas incomodidad y dolor.

A ratos te poníamos suave la música que te gustaba: boleros, bossa nova, música clásica. Confío en que te transportaba a las épocas en que las disfrutábamos abrazados sintiendo que tocábamos la gloria. Cómo no te leí algo, después me enteré de que es una gran manera de acompañar a los pacientes. ¡No se me ocurrió!

—¿Qué día es hoy, Pablo? ¿En qué año estamos? Cuenta del 100 para bajo de siete en siete —te preguntaban las enfermeras a diario en los ratos en que despertabas. Tú, que eras matemático con una mente privilegiada, en los últimos días te costaba trabajo responder. Tu confusión mental aumentaba cada día, así como el deterioro en cada uno de tus órganos. Entrábamos a la zona más oscura.

—Es temporal, hay esperanza, sus órganos están bien. Las CAR-T pueden ser exitosas —nos decían los médicos.

—¿Cuánto falta para que pase lo peor?

—Hay que confiar en que una vez que pase la semana crítica, sus propias defensas empezarán a reaccionar —nos respondían.

La reacción al tratamiento que te aliviaría te golpeaba como un rayo. Algo en mí sabía que tu cuerpo ya estaba muy débil antes de recibir las células y que no aguantaría el trancazo del tratamiento. Al día siguiente, le pregunté varias veces al doctor encargado de terapia intensiva, pero dirigió la conversación a otro lado y contestó con un "nunca se sabe".

Hasta que una mañana de esa semana crítica, expresaste: "Ya. Ya no aguanto". Me quedé paralizada. Tú que eras fuerte como un caballo, tú que ante los obstáculos guardabas una calma budista, tú a quien te sabía aferrado a la vida y tú que no claudicabas ante nada.

Lo recuerdo como el momento más difícil de mi vida.

¡Qué dolor! Ese "ya", sabía que era definitivo. Jamás imaginé escucharlo.

"La característica esencial de la muerte —aun accidental o repentina—, da avisos de advertencia de su llegada (...) sólo los moribundos pueden decir cuánto les queda de vida". Encontré esa frase en el libro de *The Year of Magical Thinking*, de Joan Didion, quien cita a Philippe Ariés en su libro *La hora de nuestra muerte*.

¿Es cierto? ¿Lo sabías?

La angustia nos impedía respirar a tus hijas y a mí. Mas el misterioso mecanismo de la mente que a veces se niega a ver lo obvio, prevalecía.

"¡Mamá, no podemos claudicar ahorita! ¿Qué tal si sale de esta y se alivia? No nos lo perdonaríamos nunca. Hay que tener paciencia. Verás que una vez que pase esta semana, va a sentirse mucho mejor", me decían tus hijos, ante el dolor comprensible de perder a su papá.

La carga sobre los hombros me doblaba las rodillas. El pelo se me caía a mechones y cada día perdía más peso. El sufrimiento era insoportable. Por un lado, te prometí honrar tu petición en el momento en que dijeras "basta" y... ya había llegado.

Por el otro, estaba el ruego de tus hijos. Además, conocía tu fortaleza, tu amor por la vida, los planes de crecimiento que tenías en la empresa, sabía de las ganas de vivir que siempre manifestaste. "¿Qué tal si supera esta semana, mamá?"

Imaginaba que atravesábamos un túnel negro y que pronto, muy pronto, veríamos la luz. Por favor, Diosito, que pase rápido. Que Pablo no sufra. Que pase rápido la semana. Que ya salgamos de esta negrura.

Me atrevo a decir que el sufrimiento para nosotros era tan comparable como el tuyo. Aunque nuestra morfina era el amor, el amor hacia ti y el tenernos como familia, durante esos días conocimos cómo el amor se puede transformar en ansiedad, en insomnio y en angustia de manera paralela. El dolor es la otra cara de la moneda del amor. Descubrí que no hay una sin la otra y en la misma intensidad. Hasta que Carla llegó, en un momento nos volteamos a ver y con la mirada supimos que ya era momento de soltarte.

Tus hermanas, mis hermanos y cuñados al intuir tu gravedad, llegaron de México para acompañarnos. Unos cocinaban, otros iban a comprar el súper, otros se turnaban para acompañarnos en la sala de espera. Qué valiosa compañía. Cuánto les agradecimos que en la noche nos llevaban a cenar para distraernos y platicar. Uno se cree fuerte, pero cuando el apoyo aumentó, me di cuenta de que naufragaba en una lancha pequeñita y frágil. En aquellos momentos me estaba sintiendo como en un crucero lleno de cariño.

En esos instantes te das cuenta de lo importante que es procurar a la familia.

Lo que das, de manera inesperada te regresa

Esto que comparto, ya lo había narrado en otro libro, sin embargo, quiero incluirlo, porque refleja mucho de tu personalidad.

En apariencia, lo que sucedió en ese viaje de aniversario a San Francisco, California, puede leerse como una casualidad, un encuentro fortuito o una situación producto del alcohol. Así lo viste tú. Sin embargo, para mí la experiencia fue profunda, misteriosa y significativa.

Si bien siempre he sabido que la vida es como un boomerang, que todo lo que haces te regresa de alguna forma, nunca lo había visto de manera tan rápida y precisa como ese viernes por la noche.

Ese fin de semana festejábamos nuestro aniversario de bodas. El jueves los dos acudimos a cenar a un restaurante famoso por sus cortes de carne, mismos que disfrutamos muchísimo.

A la hora de pedir la cuenta, sacaste la tarjeta y al revisar la nota te percataste de que cometieron un enorme error: "Mira", me dijiste, "se equivocaron, la cuenta es como de la quinta parte de lo que consumimos". Por supuesto era la de otra mesa. La cajera hubiera recibido el pago sin ningún extrañamiento, la mesera hubiera recogido la carpetita negra con el *voucher* firmado y nosotros pudimos haber salido del restaurante con la sensación de sacarnos la lotería.

En cambio, llamaste en ese momento a la mesera que, al enterarse del error y de tu caballerosidad, te agradeció enormemente el detalle y nos acompañó hasta la puerta llena de gratitud, no sin antes explicarnos los días que se hubiera quedado sin ganar un solo centavo para reponer el error.

Nos acostamos con el sentimiento agradable de hacer lo correcto y nada más, pero la historia no acaba ahí. ¿Te acuerdas?

Al día siguiente, para celebrar la fecha, fuimos a cenar a otro restaurante con la advertencia de que era costoso y de que se trataba de un menú fijo de varios tiempos.

Una vez instalados, empezamos a admirar los detalles meticulosamente cuidados del restaurante: la vajilla, las flores, la decoración. En fin, en eso estábamos cuando a los pocos minutos acomodaron a una pareja en la mesa contigua a la nuestra. A lo largo de la cena, cruzamos miradas de amabilidad y, por la plática con el capitán, se percataron de que éramos de México.

En un momento, te levantaste al baño y el señor se sentó junto a mí con una copa de vino en la mano, para decirme que él y su esposa querían a los mexicanos, que no construirían ningún muro —que en ese entonces el candidato Donald Trump, proponía—, y su esposa reforzó el comentario. Cuando regresaste a sentarte, viste la escena, no te agradó nada y no lo disimulaste. Con cara de sorpresa y medio en broma le comentaste: "Puedo matar por esto", e hiciste sentir al americano que no encontrabas muy apropiada su cercanía. El señor regresó a su mesa y no pasó a más la relación.

Al momento de pedir la cuenta —que esperábamos fuera alta—, el capitán nos avisó que una persona anónima la pagó por nosotros. De inmediato dedujimos que fueron nuestros vecinos. ¿Por qué lo hicieron? Nos sentimos entre incómodos y apenados por el monto, ni siquiera sabían nuestro nombre, ni nosotros el de ellos. Al intentar argüir algo, el señor con gestos nos indicó que no habría negociación. Les agradecimos y nos despedimos azorados con lo sucedido.

Mientras tú no bajaste de pelmazo y borracho a nuestro generoso vecino, yo quedé convencida de la ley de la causa y el efecto: lo que das, de manera inesperada, te regresa.

**La vida siempre premió
tu generosidad.**

11

El paquete completo

> Sí, las palabras vuelven.
> Todo vuelve, las cosas y las palabras avanzan
> en círculo, a veces atraviesan el mundo
> entero, siempre en círculo, y luego se vuelven
> a encontrar, se tocan y cierran algo...
> Sándor Márai

Esa noche, con la vista de la Bahía de Acapulco, celebrábamos nuestro aniversario bajo las estrellas, me tomaste de la mano y me dijiste algunas de las frases más significativas de mi vida:

—Vieja, desde hace seis meses que regresaste del Eneagrama, en San Francisco, te he notado decaída, desanimada, ¿por qué?

—Sí —te contesté—. Por primera vez confronté aspectos de mi personalidad, mi lado oscuro, que nunca había reconocido. Tuve revelaciones que me hicieron ver todos los defectos que una personalidad "tres", como la mía, tiene —abundé—. Me dijeron que soy vanidosa, que me gusta ser el centro de atención, que soy adicta al trabajo con tal de lograr el reconocimiento de los demás, entre otras muchas cosas más. Y me di cuenta de que todo es cierto.

—¡Pero eso yo ya lo sabía! Siempre lo he sabido. Así te quiero —afirmaste con mucha tranquilidad—. Y quiero decirte, vieja linda, que si bien es cierto que eres todo lo malo que te dijeron, también tienes todo esto bueno.

Y enumeraste una serie de cualidades que tus ojos veían. La frase con la que cerraste esa plática me llegó al alma:

—Y yo amo el paquete completo.

Esas palabras fueron un abrazo a todo mi ser tal cual es, con defectos y cualidades. Cuánto me sirvió escucharlas. Con tu mirada, lograbas que yo misma me aceptara y me quisiera más.

Elegancia del alma

Mi abuelo Ernesto tenía muchas hermanas. A la única que los nietos recordamos con cariño es a la tía Ori, chaparrita, norteña, con una sonrisa y una risa permanentes. Si bien la veíamos poco, se volvió inolvidable. Se caracterizaba por bromear con nosotros, los niños. De su bolsa de mano siempre salían dulces que nos regalaba. Cada vez que llegaba brincábamos de gusto. Y cuando la despedíamos nos quedaban las ganas de volver a verla. Hasta la fecha, cuando su nombre sale en alguna plática, todos sonreímos, pues la llevamos en el corazón. De las otras tías abuelas, que nunca nos hicieron caso, ni de su nombre nos acordamos.

La magnanimidad también estaba en ti. Cuando te pedía dinero para comprar cualquier cosa, sacabas tu *money clip* entero con todo y tarjetas de crédito. "Ten", me decías. Nunca me preguntaste en qué, ni cuánto quería gastar, incluso en épocas difíciles, de crisis en el país, de devaluaciones, en las que tuvimos que apretarnos de manera importante el cinturón.

La mamá de una amiga decía que quien es generoso con el dinero, lo es en el amor. Cuando en un restaurante nos asignaban mesa y uno de los dos lugares tenía vista a la pared, de inmediato escogías tu lugar para dejarme el mejor asiento. ¿Te acuerdas cuando fuimos de viaje con los hijos y rentamos una camioneta grande sin aire acondicionado y durante horas manejaste de pueblo en pueblo? Un día, salimos muy temprano de un hotel para llegar a comer a la ciudad siguiente, habías estado frente al volante casi cuatro horas. Al llegar a nuestro destino sentí un brinco como si me fuera a dar un infarto:

—¡No, olvidé mi cartera en la caja de seguridad del hotel! —exclamé con las manos en la boca y el alma ausente.

—Ay, vieja linda —fue todo lo que me dijiste. Nos subimos al coche y manejaste de regreso con unos sándwiches en el estómago. Ante todo lo que mis hijos protestaron, tú me defendiste.

En otro viaje, antes de abordar un avión nos anunciaron que teníamos, para uno de los dos, un ascenso a primera clase. Para la otra persona no había lugar. Me cediste el asiento a mí, que medía y pesaba la mitad que tú. Siempre antepusiste mi bienestar al tuyo. Los sábados o domingos por las mañanas, salías del cuarto sin hacer el menor ruido para ir con los niños y cuidarme el sueño. ¿Cómo no enamorarme de ti? ¡Tenías tanta elegancia desde el alma! Nunca te dirigiste a mí con una mala palabra ni me alzaste la voz. Pero hasta aquí dejo el relato de las actitudes de respeto y las muestras de cariño que tuviste conmigo, porque va a empezar a sonar falso. Lo cierto es que querer es muy fácil, lo difícil es que te quieran.

Al respecto, mi único pesar es que todos esos detalles hicieron que me llenara de ti y que, en tu ausencia, el vacío fue descomunal. Me volví adicta a ti. El hueco que dejaste me reclama con la misma fuerza que la droga al adicto. Estaría dispuesta a cualquier cosa con tal de tenerte una vez más, soñarte, percibir tu olor que busco en tu ropa y que poco a poco se desvanece.

Tal vez el reto es vivir como la tía Ori, con una actitud que derroche tanta generosidad que ante su ausencia crea vacíos en los demás; para que con la despedida queden las ganas de volver a verse y así la gente sonría al escuchar nuestro nombre. Como tú lo hiciste. Hoy sé que no te amé sólo porque te necesitara: te necesitaba y te necesito porque en cada detalle de nuestra vida hiciste que te amara.

Bien dicen que nunca se va del alma quien hizo magia en nuestra vida.

La última foto juntos

Cuán cierto es que la escritura puede ser un medio de salvación. Ahora, a casi un año de tu partida veo fotos de nuestra boda y recuerdo que celebramos nuestro aniversario 50 entre transfusión y transfusión, en la ciudad de Rochester. Como la sangre fresca te animaba, tuviste ánimos para que nos encaramáramos en tu *scooter* —ya me costaba trabajo caminar—, aunque al treparme en tu pierna derecha te bloqueaba la vista, aun así, como siempre, te la ingeniaste para llegar a la par que Paola al restaurante que te gustaba.

Ese día pediste un martini que gozaste en cada sorbo, como si te despidieras de ese sabor que te hacía sentir que la vida continuaba normal. Cenamos una carne de esas que sólo se comen en ocasiones especiales y brindamos con una copa de vino tinto para celebrar la ocasión. El mesero nos tomó una foto. En ella salimos los tres abrazados, como hicimos miles de veces a lo largo de nuestras vidas. Ignorábamos que ésa sería la última.

En esa velada recordamos la madrugada de enero en que nació Paola, nuestra primera hija, cuando mi abuela Margarita, oriunda de Linares, Nuevo León, fue a visitarme a la casita en condominio que habitamos de recién casados, al sur de la ciudad. Siempre había ignorado la historia que ese día me contó y se me quedó tatuada:

—Me quedé viuda al mes de nacido tu papá —me dijo—. Margarita, tu tía, tenía dos años. Así que, a los cinco años de casada, me encontré sola con dos chiquitos.

Con Paola en brazos, comprendí lo que significaba tener un hijo e imaginé el sufrimiento de mi abuela, no sólo al perder al amor de su vida, sino tener que cuidar a dos bebés no teniendo una profesión para ganarse el sustento.

Durante toda la niñez, pasaron épocas muy difíciles, aunque mi padre contaba que esos años de "brujez" fueron los más felices de su vida.

Al despedir a mi abuela y tras cerrar la puerta me dije: "Dios mío, no quiero quedar viuda a los cinco años de casada, como mi abuela. Ayúdame a vivir siquiera cincuenta años de matrimonio, por favor, te lo ruego". Bien decía Oscar Wilde, ten cuidado con lo que deseas.

Mi anhelo, formulado ese día, al cumplir las cinco décadas juntos se cumplió. Esa noche ignorábamos que te quedaba un mes de vida. Ahora que veo la foto, analizo tu expresión. Tu mirada parece empezar a ver y dilucidar lo que había del otro lado. Estabas mitad aquí y mitad en un lugar infinito. Tu sonrisa no la alcanzo a descifrar, no es abierta, franca, como la de siempre: refleja gusto y tristeza al mismo tiempo. Hiciste un gesto que hoy nos intriga. Colocaste el dedo pulgar de la mano izquierda hacia arriba mientras el resto de tus dedos largos estaban cerrados, en señal de "¿todo está bien?" ¿Todo va a estar bien? ¿Misión cumplida? ¿O más bien de "estoy listo para partir"? como lo hacían los pilotos estadounidenses en la Segunda Guerra Mundial. Quizá deseabas mandar los tres mensajes juntos.

En ese momento no me percaté de la intensidad de dichos gestos. Relatarlos ahora me permite observar el momento, desandar el camino, penetrar al fondo de mí misma para percibir que, a partir de entonces, mi cuerpo, alma y mente cambiaron también de dirección. Me alegro de no saberlo por anticipado.

Estoy agradecida con la vida. Pienso que a lo largo de los años hay que sopesar con mayor ahínco las veces en las que el bien se impone. Ignoro por qué existe en nosotros la tendencia a ser tan hábiles en aquilatar la adversidad antes que la fortuna. Hay tantas rutas posibles que pudimos tomar para no llegar a brindar con Paola ese 21 de abril. O peor aún, pudiste, como mi abuelo, fallecer a los cinco años de casados. ¿Te imaginas todo lo que nos hubiéramos perdido?

Agradezco que se cumpliera mi deseo de llegar a las bodas de oro, pero también empiezo a agradecer, de manera regresiva, haber estado juntos 49, 48, 47 años. Cuando, por ejemplo, pudiste morir aquella vez que, por insistencia mía, te hiciste una quelación para eliminar metales pesados, tras jugar con mercurio conmigo y nuestros hijos, como si de plastilina se tratara. No sé si los metales salieron de tu cuerpo, lo que sí sé es que perdiste todos los minerales y eso te afectó el corazón. Agradezco haber estado juntos a los 46, 45, 44 y 43 años. Cuando, también tuvimos el accidente en la carretera rumbo la Riviera Maya, en que el coche se deshizo y los vidrios cortantes del parabrisas, que se rompió completo, cayeron sobre nosotros.

Agradezco que estuvimos juntos a los 42, a los 41, a los 40, a los 39 y así hasta el primer instante en que nos encontramos.

12

Las dos fuerzas

En medio del camino de la vida, me vi perdido en una selva oscura, la buena senda errada, y la andadura, cuando el alma vagaba adormecida.

Dante Alighieri

Dos frases en mi mente tiraban en dirección opuesta: "Pablo no quería esto" y, "pronto pasará la semana crítica, hay que esperar". Todos rogábamos que esos cinco días pasaran en un respiro.

Las dos fuerzas me rasgaban por dentro. Decidí entonces pedirle al doctor Rajkumar, con quien iniciamos una amistad y era sensible a la angustia de quienes pasamos el día en la sala de espera, que fuera él, quien, llegado el momento, juzgara cuándo sería inútil prolongarte la vida; estaba segura que lo haría con toda conciencia.

Pedí a una enfermera que me ayudara a liberar el enredo de cables conectados a ti, para acostarme a tu lado y abrazarte. Tus hijos y yo siempre buscamos la forma de que sintieras una mano nuestra, ya sea en la pierna, en los pies, en la palma de tu mano. A ratos te platicábamos al oído todo lo que te queríamos, lo que significabas para nosotros, las noticias alentadoras que nosotros agrandábamos y pensamos te animaría. A ratos también te poníamos en tono bajito la música que te gustaba.

Ese día 26 de mayo, como cada mañana, el doctor Rajkumar revisó los análisis de sangre que a las 6:00 de la mañana te tomaban. "Todo se ve bien, sus defensas aumentan lentamente, pero ahí van. Al rato lo paso a ver", nos dijo por teléfono, lo que nos sacó una exhalación.

El doctor llegó como a las 11:00 a. m. al cubículo de terapia intensiva. Nos saludó y te saludó. No respondiste. Tu rostro, un poco más afilado, tenía una expresión tranquila. Intercambiamos algunas palabras y me pidió acompañarlo afuera. Con la mirada baja se frotó las manos y con pausas conscientes buscaba expresar las palabras con tiento: "Gaby, he visto esta cara muchas veces en mi vida".

Un vacío en el estómago me golpeó. Sabía que era la manera de decirnos que era hora de iniciar el final. Terminaba el engaño de ganarle a la enfermedad en esa batalla de titanes. Asentí con resignación. De un modo, a pesar del dolor de la noticia, sabía que era lo mejor para ti. Todos, en equipo, hicimos lo que estaba en nuestras manos para salir adelante. Dos años luchando con la mirada puesta en el horizonte y tú con la serenidad de un monje zen. Ni hablar. Es la vida.

Se lo comuniqué a tus hijas. De inmediato llamamos a Pablo, tu hijo que estaba en México, a yernos, nuera y nietos para que apuraran su llegada a Rochester. Gracias a Dios, y no sé de dónde surgió, pero una lucidez inusitada nos permitió vivir esas horas con serenidad. Me consolaba pensar cuánto gozamos la vida juntos, inundados en un amor total por el otro.

Pablo, tu hijo, llegó a Rochester a las 2:00 de la mañana. Entró al cuarto, escuchaste su voz que te decía: "Papacito, ya llegué". A pesar de las fuertes drogas que te sedaban, abriste los ojos y me apretaste la mano. Te diste cuenta perfectamente. Lo esperabas.

El don del *timing*

La palabra "coincidencia" se refiere a la simultaneidad de eventualidades improbables que se sincronizan en el tiempo y el espacio. Algunos seres humanos parecen leer esas conspiraciones y acomodarse a ellas. Creo que tú eras uno de estos seres especiales.

Siempre admiré la conciencia del tiempo que tenías. Aún ahora no dejo de asombrarme al constatar que la tuviste hasta el último segundo de tu vida.

De novios esperabas fuera de la casa los minutos necesarios para que dieran las 4:00 p. m. de la tarde en punto y tocar el timbre. De igual forma, te despedías en cuanto daban las 7:00 p. m. Éste fue uno de los detalles con que lograste ganarte la aprobación y, después, el gran cariño de mis papás.

Mas la cualidad que siempre elogié de ti no era que fueras puntual de una manera rígida, como alguien obsesionado de manera nerviosa con el tiempo, rasgo que me hubiera desencantado, sino que tenías un sentido del *timing* relajado, aquel que va más allá del tiempo cronológico y tiene que ver con una percepción temporal casi intuitiva, natural, acompañada de orden y ritmo en relación con su entorno.

Lo que llamaba mi atención es que tú nunca tenías prisa, nunca manifestabas estar pendiente del reloj. Atento al tiempo, llegabas a todas tus citas siempre a la hora acordada. Sabías que eso me impresionaba sobremanera, razón por la cual hacías alarde de ello y me mostrabas tu reloj de muñeca con la hora exacta. Cuánto te admiré la elegancia de honrar el tiempo, de ser puntual, conducta que no es más que sentir respeto por uno mismo y por los demás.

Ese don del *timing* te proporcionaba también tu sensibilidad para saber cuándo retirarte de un lugar, cuándo hablar o levantar la voz o cuándo permanecer callado y escuchar.

Se podría pensar que lo acontecido al momento de tu partida final fue tu intención, se trató de una coincidencia, una sincronicidad o se debió a la "elegancia de la Providencia", como me dijo el padre John Walsh L. C., amigo de mucho tiempo; quizá todo lo anterior, aunado a ese don del *timing* tan tuyo.

Si tomamos en cuenta el significado de la palabra "coincidencia" que arriba mencioné, creo ver la razón por la cual tuve que separarme de ti en el cuarto del hospital para volar a Miami, Florida, a recibir tu premio programado con meses de antelación. Así querías que te despidiera, con tu grandeza, con tus logros.

"Adiós, gordito. Voy y vengo. Mañana regreso. Te quiero mucho". Te besé y nos despedimos como quienes saben que al día siguiente se volverán a ver.

Ahora comprendo que el dolor de despedirnos con la conciencia de que sería para siempre, hubiera sido imposible de soportar para los dos. ¿Lo planeaste? Quizá no fue casualidad, a lo mejor ya estabas dispuesto a partir y no querías que te retuviera. Cuánta perfección en las fechas.

A las 2:00 a. m. cuando ya no hubo esperanza alguna de recuperación, tus hijos y yo nos reunimos en el cubículo en torno tuyo. Algo sagrado y solemne llenó el cuarto, invoqué a Leonor y el Güero, a mi papá y a Adrián, mi hermano, para que vinieran a recibirte y ayudarte a cruzar, y a nacer del otro lado. Sin duda el dolor se apacigua al compartirlo con otros.

Durante esa madrugada, logramos estar toda la familia reunida. Te tomamos de las manos para formar un círculo en torno a tu cama para enviarte todo nuestro amor mientras decíamos una oración. Después, cada hijo, nieto, yernos y nuera tuvimos la oportunidad de estar a solas contigo para platicar de alma a alma.

Era la despedida.

Qué regalo nos dio la vida. "Suerte es que todo sea perfecto y darme cuenta de ello", como dice un dicho judío.

Te empezaríamos a desconectar.

Me acurruqué a tu lado de nuevo, te agradecimos el privilegio de tu existencia y te pusimos tu música. El tiempo se congeló en el cuarto.

Estoy segura de que, a pesar de estar inconsciente, sentías la energía de amor que te rodeaba. Fueron momentos sagrados e inolvidables. A las tres de la mañana nos quedamos contigo, tus tres hijos y yo imbuidos de una serenidad inesperada.

A las 5:30 de la mañana, un sacerdote entró a darte los santos oleos. Tomamos de él y todos te lo colocamos en la frente con los deseos más amorosos para que te fueras en paz; y salió del cuarto.

¿Sabes? Algo que nos impactó fue que a las 5:32 a. m., exactamente en el momento en que exhalaste por última vez, el cuarto se iluminó de manera repentina. Los rayos del amanecer entraron en el momento en que tu alma dejó tu cuerpo y trascendió.

—¿Quién prendió las luces del cuarto? —preguntó Paola sorprendida. Por segundos, desconcertados, nos preguntamos todos lo mismo. La coincidencia fue precisa y preciosa. Una señal de que eras luz absoluta, como todos lo somos.

Esa gran luz salió de la cárcel de tu cuerpo e iluminó el mundo. Tu exhalación se fundió con el aire, con la luz del sol y con todo el amor que había en el cuarto. La energía en el cuarto cambió. Era **solemne**. Lo curioso también es que Frances, tu nuera, desde su cuarto en el hotel, tomó una foto de ese mismo instante en que amaneció.

¡Claro! Era un gran final, como sólo tú podías organizarlo.

Te fuiste con la misma gracia y prudencia que hubo en todos los gestos y proceder de tu vida.

La noche más dolorosa de nuestra existencia nos regalaba el momento de amor y de unión más intenso de nuestras vidas.

¿Casualidad de nuevo? ¿Sincronicidad? O quizá, una vez más, hiciste alarde de tu don del *timing* al saber cuánto me deslumbraba. Ahora estoy segura de que así fue.

De alguna manera, cuando alguien tan amado como tú muere, todos los que te quisimos, morimos un poco contigo.

Tus hijos y yo nos resistíamos a salir de ese cuarto y dejarte solo. La despedida era definitiva. Queríamos aprisionar un tiempo y un espacio, imposibles de atrapar. Era la renuncia a una lucha larga y llena de esperanza. Hasta que nos dimos cuenta de que tú ya no estabas ahí. Que debíamos soltarte para permitir que volaras libre hacia tu otra vida ya sin sufrir. No obstante, estamos seguros de que la muerte une sin límites para siempre.

El dolor es un salto al vacío, hacia la nada, pero se apacigua al sentirnos acompañados. Salimos con un nudo en la garganta y en paz.

Se fue de mi vista

Estoy de pie en la orilla del mar. Un velero,
a mi lado, extiende sus velas blancas a la
brisa que lo lleva hacia el océano azul.
Es una muestra de belleza y fortaleza.
De pie lo miro hasta que, a la distancia, se
suspende como una partícula de nube blanca
Justo donde el mar y el cielo se mezclan.
Luego, alguien a mi lado dice, "Ya, se ha ido".
Ido ¿a dónde?

Ido de mi vista. Es todo. Es tan grande su mástil
casco y velas como cuando partió de mi lado.
Al igual que su capacidad de cargar
el flete a su puerto de destino.
Lo disminuido de su tamaño está en mí, no en él.
Y, justo en el momento en que alguien dice, "ya, se
ha ido", allá hay otros ojos que lo ven venir, y otras
voces, listas para gritar con gusto, "¡ahí viene!".
Y eso es morir...

Henry Van Dyke

(1852-1933)

SEGUNDA PARTE:

El duelo

13

Ese día...

Cada uno de nosotros porta una chispa única de lo divino, y cada uno de nosotros es también una parte inseparable del tejido de la vida.

Viktor Frankl

Regresamos a las siete de la mañana de ese 27 de mayo de 2022 al departamento, con ojeras y el alma hecha hilachos. A esa hora, el doctor Rajkumar, al enterarse de la noticia, nos fue a visitar. ¿Es en serio? Mis hijos y yo nos volteamos a ver al escuchar el timbre de la puerta del departamento. Con sollozos contenidos, y al mismo tiempo agradecidos por su visita, nos sentamos en el sillón de la sala. Ignoro cómo pudimos entablar una conversación. Qué ironía, no lográbamos hilar dos pensamientos: naciste en un día 27 y te fuiste en otro día 27, 74 años más tarde.

El despertar de los días siguientes a la muerte de un ser querido, son como tener una operación quirúrgica sin anestesia. Ese regreso, del duermevela a la realidad, es tan doloroso como insoportable. Te sientes aturdido, sin rumbo, con el corazón hecho maraña y la mente ausente. En ese estado, había que arreglar los asuntos funerarios, saldar cuentas, empacar todo, vaciar refrigerador y despensa, regresar bici y coordinar boletos de avión de regreso a México. Cuánto agradecí la ayuda de las manos amorosas de Diego, Toño y Frances, mis yernos y nuera, así como de mis hijos Paola, Carla, Pablo y mis nietos, Diego, Pablo, Toño, Emilio, Nicolás, Pablo, Valentina y Mateo, que se convirtieron en una gran cobija de eficiencia y consuelo. Sé que lo he mencionado, pero lo repito: qué importante es crear lazos amorosos con nuestra familia. Nunca lo vi más claro.

Sin embargo, y a pesar de toda la bondad que nos rodea, el dolor es un camino que requiere transitarse a solas.

El anuncio de una nueva época

Esa misma tarde del 27 de mayo, soleada y de viento fresco, tomé mi bicicleta y me fui a buscar la soledad del bosque. Quería... no sé qué quería... ¿huir, correr, sentir lo que sentía, estar sola, concebir que a través de la naturaleza me acercaba a ti, desahogarme a mis anchas, llorar, gritar? Dios mío, ayúdame. Papito, cuánto te extraño ¿Estás aquí, en algún lado? ¿Me escuchas?

Con la vista nublada por las lágrimas, me adentré en un camino de terracería. Quería aferrarme a la paz de los maples, de los álamos y de las secoyas, que formaban una cúpula de catedral gótica. Entre sollozos, te llamaba, te señalaba la belleza, pedaleaba y me adentraba a las entrañas de mi dolor y al mismo tiempo, me liberaba. Quería abrazar a todos y a nadie. Que me abrazaran y que me dejaran sola. Mi mundo acababa de cambiar por completo. Pedaleaba con fuerza como si se tratara de escapar. Papito lindo, ¡cuánto te voy a extrañar! Por favor mándame toda la fortaleza para enfrentar todos los momentos difíciles que me esperan sin ti. De pronto, al pasar por un tramo, escuché el concierto de miles —no exagero—, de ranas o sapos, nunca supe qué eran. Algo tenía ese canto abrumador y mágico que provocó que al escucharlo de inmediato detuviera la bicicleta, como si de obedecer una orden superior se tratara. Cantaban con un fervor contagioso al sentir los rayos del sol y al mismo tiempo, calentaban la tierra que comenzaba a asomar sus tonos cafés, tras ocho meses de hibernar y de estar cubierta por gruesas capas de hielo y nieve.

Respiré profundo. El invierno que empezaba a replegarse, contrastaba con el vacío absoluto de mi alma. La sensación del aire fresco en la cara y la naturaleza, de algún modo me consolaban e impedía que muriera también. Me devolvían una ligera sensación de estar viva y agradecer a pesar de las circunstancias. Como si en el bosque, en los brotes de flores, en la luz del sol que se filtraba a través de las ramas, en el río y en el canto de los sapos o ranas, me acompañaras. No estamos solos, somos parte de algo mucho más grande. Lo sentí. Lo supe.

Lloré como hacía meses no me lo permitía: desde el estómago. Me di cuenta del dolor guardado, disimulado, enmascarado en el cuerpo por dos años, el cual mi mente no había reconocido o no había querido reconocer. Era ese tipo de llanto que no se piensa, no se elabora, no pide permiso, se vomita. Al igual que un parto, cuesta trabajo que el dolor vea la luz. Abrirle paso es la única forma de expiarlo. Tú me acompañabas. Desde entonces, me acompañas.

Se hacía de noche, regresé con mis hijos consciente de que no quería hacerme la víctima de nada. Nunca te hubiera gustado que lo hiciera, además, estaba decidida a vivir mi proceso de la mejor manera posible y tomar cada día como viniera. Honraría el dolor, sin regodearme en él. Así tocó y algún aprendizaje todos teníamos que sacar. "Déjate consentir, mamá", me decía Carla, tu hija. No sé por qué me cuesta trabajo. Al principio me dejé, después, con el paso de los días, fue menos necesario. Me he llenado de los buenos recuerdos que nos dejaste, ¡fueron tantos! que no nos alcanzaran los años para agotarlos.

Con el pasar de los días, me sirvió mucho estar sola, sin ruido, sin música, con mis libros, mi meditación y mi ejercicio, y estar acompañada también. Escuchaba de vez en cuando tus mensajes de voz grabados en mi celular, con esa voz de locutor que me seducía. Pero no quería ver a nadie de compromiso, sólo mis amigos y familia. Necesitaba aprender a vivir sin ti.

Buenos días, vieja linda

La presencia de la ausencia.

Hay algo inexplicable que experimentas cuando un ser querido fallece. Lo sientes. Sientes que está ahí, que te habla, que te manda canciones, señales, coincidencias...

Cada vez que prendo mi celular me encuentro con tu mirada. La foto te la tomó Toño, nuestro yerno, durante un viaje en familia. ¿Te acuerdas? Te ves radiante. Tu sonrisa surge del interior, de aquellas que nunca se podrían fingir. Tu mirada me anima y me recuerda a la de algunas pinturas famosas que, sin importar hacia dónde te muevas, te sigue. Al verte, te platico, te consulto e imagino frases que en ese momento quisiera escuchar:

"Buenos días, vieja linda". "Yo estoy muy bien". "Estoy orgulloso de ti" y... "Ánimo, me gusta verte contenta".

Quizá me permito imaginar esos mensajes para sobrevivir. Tu foto me acompaña siempre. Sin embargo, a los pocos segundos de ver la imagen, la pantalla se va a negro, detalle que me golpea y confronta con tu ausencia.

Pulso el botón. Te veo reaparecer.

—Hola, papito —te saludo—. No te vayas.

Me cuesta trabajo procesarlo. Despareces de nuevo.

—¡Cómo te extraño!

En ese momento, la mente quiere reproducir en automático pensamientos incesantes y fatalistas que salen a la pista como caballos de carreras. Darles rienda suelta significa permitirles recorrer circuitos que formarán surcos mentales profundos hasta ahorcarme y me privarán de toda libertad. Aunque soy consciente de esto, su fuerza es tal y el camino tan fácil que a veces es imposible detenerlos.

Te fuiste. Cuánto te necesito. Imagino que todo ha sido una pesadilla y que un día vas a volver. Por eso no quito tus lentes de la mesa, por eso tu ropa sigue colgada en tu clóset y tu rastrillo y crema de rasurar en la regadera. Pienso que algo sucederá y que, como si te hubieras ido a un viaje, estarás de regreso...

El duelo me ha llevado a descubrir cuánto me querías y cuánto fui capaz de amar. A pesar de lo difícil que es sobrellevar tu ausencia física, estoy segura de que estás aquí, en mi pecho. Me tendré que acostumbrar a esta nueva forma de relacionarnos en este amor que ahora se ubica en la eternidad.

Así prendo de nuevo mi celular, veo tu cara sonriente y esa mirada que me sigue. Imagino de nuevo un: "Buenos días, vieja linda" y te agradezco la complicidad, lo que formamos y el habernos tenido. Me consuela la certeza de que sigues con nosotros y seguirás en nuestras vidas en el aire, el cielo, el sol y mis sueños.

Si no me da paz, no viene del amor

En el proceso comprendí que el duelo no se puede patear, ignorar o saltar. Cuán verdadera es la descripción que hace Elizabeth Gilbert sobre él: "Es una energía que tiene su propia vida y que no puede controlarse o predecirse. Va y viene a su antojo. Llega con la fuerza de un tsunami, en el momento menos esperado. Hace contigo lo que quiere y cuando quiere". Al duelo, hay que darle su tiempo y espacio, honrarlo, reconocer el dolor y, como lo comprobé, llorarlo. Y no queda más que rendirse con humildad a sus caprichos.

En las semanas y días posteriores a tu partida, me sentía muy cansada sin hacer gran cosa, me di cuenta del abismo que hay entre enseñar o escribir teorías y la agonía que es vivir la realidad. No hay palabras, consejos, nada que consuele.

¿Cómo estás tú, allá en el otro plano? Mándame una señal de que estás bien, te lo pido. Ven a mis sueños por favor. Hazte presente. Pero si esto interfiere con tu camino, no lo hagas. Vete en paz, sigue tu luz y sigue tu camino.

Al mes, al arreglar ese cajón de papeles en el que guardamos lo importante y nunca revisamos, me encontré una tarjeta que en su momento acompañó unas flores, recién casados me la enviaste. Nunca antes la había vuelto a ver. ¿49, 48 años? Con tu puño y letra decía:

"Todo mi amor para mi eterna novia por la que todo puedo. Siempre te amaré". Sentí que era la señal tuya que necesitaba. Sonreí.

Todo lo fuerte que me sentí contigo en vida, se me ha ido, espero que sea temporal. Me siento insegura, frágil, vulnerable y sin energía. Siento un hueco que traspasa de lado a lado mi pecho. Sé que es un proceso, que debo aceptar y que algún día pasará, pero no sé por dónde empezar. "La Güera", la perrita que tus hijos nos regalaron cuando estuviste grave, ha sido la mejor compañera. Al acariciarla las dos nos beneficiamos. Me asombra lo sensibles que son los perros, tan inteligentes y perceptivos. Todo el tiempo se acurruca junto a mí. Se emociona cuando regreso a la casa. Nunca imaginé agradecerlo tanto.

Apenas había pasado un mes, gordito. Sabía que debía retomar mi trabajo y regresar a mi centro, pero mi cerebro se encontraba en una especie de parálisis mental, en el corazón tenía un vacío emocional y el cuerpo lo sentía tan poroso como una coladera. Sólo me habitaba una profunda tristeza que aparecía a la menor provocación.

Cuando mis amigos me intentaban distraer, invitar a salir, sacar a algún lado, fingía y trataba estar bien, pero en el fondo era un estar sin estar. Prevalecía en mí la sensación constante de querer regresar a casa, en espera de encontrar la vida como era antes. Como si todo hubiera sido una broma. Mas el silencio de nuestro hogar era inmenso, los espacios que antes llenabas tú y la presencia de cada objeto cotidiano, como tus zapatos o el sillón en el que veíamos juntos la tele, habían perdido su sentido.

Lo que hasta ese momento había aprendido era cuán importante es abrir los ojos para darnos cuenta de que el pesar es tan grande y la mente tan cruel, que nos arrastran con insistencia hacia la incertidumbre del futuro, a un pasado que no volverá o a un presente que nos recalca la ausencia del ser amado. La inercia de caer en esos pozos es tan fácil como peligrosa. Es entonces cuando hay que repetir la frase de Elvira, mi tanatóloga, como un mantra: "Si no me da paz no viene del amor".

Y así, como alguna vez supe que escalar una montaña con una mochila pesada a la espalda solo, da la sensación de que pesa más, y que cuando se escala dicha montaña en compañía, la mochila se aligera; de la misma manera sucede al compartir la pena y pedir apoyo, ya sea de un terapeuta o un tanatólogo, así como de familia y amigos: el dolor se aligera.

Así, el sufrimiento insoportable, de algún modo se vuelve más llevadero.

En el fondo de la alberca

¿Tú crees que la vida, después de millones de años de existir, piensa en ti? ¡Vive la vida!

Anónimo

El cambio es como un salto al vacío con un ala delta. Hay que correr hacia la nada, mientras todas las alarmas internas se encienden y el sentido de estabilidad desaparece por completo. Algunas veces, aventarse a la inmensidad es decisión propia, mientras otras, es la vida la que nos lanza sin posibilidad de decidir. Entonces, aparece un hueco en el estómago que se exterioriza con un: "¿Y ahora?"

Cambias. La muerte te cambia. Durante las primeras semanas después de tu partida, conocí una nueva forma de habitar el mundo, que es como cuando te sumerges en el fondo de una alberca y el agua crea una burbuja que te aísla de todo lo que sucede en el exterior. Quizás escuchas voces lejanas o alcanzas a ver las vidas de los demás, pero no estás ahí ni con ellos. Te sientes aislado de todos y de todo. Por lo general, lo que antes te entretenía, como la radio, la televisión o las redes sociales, deja de interesarte por completo. Te atraen la soledad, el silencio, la lectura, la meditación y tu cama.

Creo que, si no te fuerzas a salir, puedes quedarte de verdad en el fondo de la alberca. Pero tampoco puedes forzar la emersión. Esto es lo difícil, atravesar el proceso de cabo a cabo.

Hay que estar muy conscientes de que la autocompasión es una trampa en la que podemos caer muy fácil; es convencerte y resignarte a un "pobre de mí", que te lleva sutilmente a hundirte más. La depresión te coquetea todo el día, en especial por las mañanas al levantarte. Te guiña el ojo y te habla al oído para convencerte de quedarte entre las sábanas, para no ver ni hablar con nadie; levantarte para hacer ejercicio, exige de una voluntad y fortaleza que, en esos momentos no se tienen. Su mejor arma es una aspiradora que te succiona hacia la nada, para no tener que esforzarte y así permanecer en una aparente "comodidad". Sin observarte, la emoción te atrapa y te dejas llevar por ella.

Como dice mi amiga Ximena: "De hacer ejercicio, nunca te arrepientes, y de no hacerlo, siempre". Sabía que para mí era terapia. Invertir en energía para obtener energía. Si antes lo hacía, desde tu partida, me he anclado en él. Así que, sin pensarlo retiro las sábanas y pongo los pies en el suelo. Son de los momentos, en que, a pesar de todo, encuentras que exhalar es posible, y que, de algún modo, regresas siempre más ligero.

¿Cómo reconocer las cercanías de la depresión? No tengo idea, supongo que para cada quién es distinto y cada persona debe distinguirla en el momento en que aparezca. Lo único que yo sé a ciencia cierta es que hay una línea muy fina entre honrar el duelo y caer en la depresión, la cual, a pesar mío, me resistí a cruzar.

Cincuenta y cuatro años de convivir contigo, el amor de mi vida me hacía sentir un valor que nadie más me podía dar. Como dice Carla, mi hija: "Mi papá era una cobija cósmica que a todos nos protegía. Saber que ahí estabas nos hacía sentir a todos seguros y amados". Cuando te fuiste me quedé sin piel, sin mi principal razón de ser, vacía. Todo se me olvidaba, citas, obligaciones, nombres de personas, fecha en la que estábamos. Todo perdió sentido, sólo el desierto permaneció.

Pierdes el sentido, pero también te pierdes a ti. En la ausencia de alguien así, sientes que nadie te necesita más, aprecias todos los actos cotidianos compartidos de forma fácil y espontánea, esos que en el momento parecen tonterías, como cumplir con la rutina de salir los viernes a comer solos para después ir al cine. O escuchar el: "Ya salió el sol", que a diario me decías al verme por las mañanas lleno de entusiasmo al salir de la regadera; el beso antes de dormir por las noches o el tener en el celular tu número de contacto en caso de emergencia y saber que siempre responderías. Ese saber que ahí estabas, de manera implícita me daba autoestima y una seguridad muy especial para actuar en el día a día.

Además, en la ausencia del otro, descubres que te falta el reflejo de aquello que te hacía sentir sólida, amada y especial. En caso de que la pérdida sea de la pareja, nadie te puede dar lo que esa mirada te daba; quizá esto se aplica también a nuestros padres. Es ante una percepción así, motivante y nutricia, que nace el impulso de estar a la altura de la circunstancia y no decepcionar. Recuerdo el dolor tan grande cuando mi hermano Adrián murió a los 41 años, por un accidente en moto; tan joven, tan repentino, tan absurdo. Así como el sufrimiento que viví cuando mi padre murió, después de padecer 26 años la enfermedad de Parkinson, sin embargo, en esta ocasión el dolor es diferente, el vacío absoluto.

Salir del fondo de la alberca, subir y exhalar todo ese aire de desesperanza en el cuerpo es una urgente necesidad de salvarte que te asalta cuando te das cuenta de que pasa por tu mente, como ave negra, querer morir. Sí, claro que lo pensé, varias veces. Como si mi amor por ti me llamara para alcanzarte.

Un día de aquellos últimos de tu vida, en Rochester, Pablo, mi hijo, me invitó a cenar a un lugarcito muy tranquilo. Frente a una copa de vino, le confesé lo que sentía. Escuchó con calma mis temores, presentes y futuros y con todo el amor del mundo, me contestó:

"Mamita, vas a descubrir que la vida es linda, aun sin mi papá". Me resistí a siquiera imaginarlo, no quería creer ni oír lo que escuchaba. Hoy que escribo esto, a casi un año de tu partida, he comprobado, que tenía razón: sí, la vida es linda aun sin ti.

Sin embargo, no es posible salir del duelo antes de tiempo. La etapa temprana del proceso es la más difícil. Te mueves de una incertidumbre a otra. Una vez que las primeras semanas pasan, la compañía de tus familiares y amigos, que te llamaban, te visitaban y estaban pendientes de ti, poco a poco, por naturaleza disminuye. Comienza una realidad nada fácil de vivir y tampoco puedes discutir con ella. Todo cambia.

Es como si durante cuatro meses me hubiera transportado a otro universo, y también me ausenté de mi trabajo. Me aislé de las redes sociales, de las noticias, de las pantallas, dejé de escuchar la radio, incluso música o, si lo hacía, tenía que ser una con ritmos tranquilos y un volumen bajo. Como si la música electrónica o el reguetón tuvieran el poder de romper un interior de cristal muy frágil. Al mismo tiempo, durante este periodo, descubrí más espacio para la reflexión, la lectura y la paz. A un año de tu partida, no he vuelto a prender la televisión para ver una serie, actividad que por las tardes disfrutábamos tanto hacer juntos. Simplemente, no se me ha antojado todavía ver nada. Me he dedicado a leer cuanto libro sobre la pérdida llega a mis manos.

Aunque, con frecuencia tratas de leer y te regresas tres veces, porque no entiendes bien a bien qué leíste.

Ayuda entender. Al ser humano siempre le sirve comprender las cosas. El duelo no tiene duración definida, no hay dos personas que lo vivan igual. Sin embargo, a pesar del vacío enorme que implica, se tiene que vivir, honrar, llorar, así como darle su tiempo hasta que, un día, decida irse. Sólo queda tener paciencia, compasión con uno mismo y aceptación de la realidad.

De la misma manera, siempre tuve la esperanza de que al honrar el duelo tarde o temprano ese amor-dolor se convertiría en gratitud y en alegría por haber tenido juntos una vida tan plena. Tomé la decisión de no convertir mi dolor en sufrimiento, sino en aprendizaje y gratitud.

Para mí eso ha significado poder salir de la alberca y exhalar.

El sonido de las chicharras

Durante las primeras semanas después de tu partida, quería estar sola. La compañía de las personas me alegraba, sin embargo, al poco tiempo, me nacía el impulso de levantarme y retirarme a un lugar a solas, aun al estar con mi familia. El alma lo pedía. Yo obedecí.

Una noche, mientras estaba en la casa de mis hijos en las afueras de Los Ángeles, salí a dar una vuelta. Al abrir la puerta escuché un sonido que hacía años no percibía y que de inmediato me transportó a los veranos de mi infancia: el canto de las chicharras. En segundos me hipnotizó. Me quedé de pie a escuchar ese concierto que, podría decir para quienes vivimos en ciudades de concreto, es un reencuentro con la naturaleza y el sonido de las vacaciones.

La melodía resuena con varias épocas de mi vida. Me senté en el escalón de la entrada y pensé que la primera vez que escuché tal maravilla fue una noche mientras los primos jugábamos bote pateado en la casa de mis abuelos en Cuautla, Morelos. Las risas que acompañaban el juego nos hacían sentir grandes, libres y cómplices de compartir momentos mágicos.

Sin embargo, había algo más allá de ese sentir, algo en el conjunto que formaban la noche y la alegría de correr, aunado a la música de las chicharras de fondo. Ese algo, de manera enigmática, resonaba como si fuera a vislumbrarse por vez primera a uno mismo como persona. Eran instantes en que sentíamos que algo nuevo, innombrable y desconocido se adentraba en nuestro ser. Al mismo tiempo, la sensación se acompañaba de nostalgia por la infancia, la cual advertíamos que dejábamos atrás y se alejaba.

Después, el sonido de las chicharras me transportó a los campamentos en los que con mis amigas nos sentábamos alrededor de una fogata para cantar al ritmo de una guitarra y contar historias de terror sobre la Hacienda de Montefalco, en la que nos hospedábamos. La melodía de los insectos acompañaba la energía de grupo y la amistad, revestida con la admiración por nuestro líder de ese momento, en una edad en la que el sentido de pertenencia y aceptación era lo único que anhelábamos.

Momentos en los que también descubrimos que mirar el fuego nos llevaba a un silencio, una dimensión interior nueva, misteriosa y más profunda, aunque todavía inexplicable. Era el encuentro con el primer trabajo interior. Y ese fuego hacía resonancia con una chispa propia que nos despertaba a una nueva etapa de la vida deslumbrante y prometedora, la de ser joven, en la que pronto conoceríamos los encantos del amor.

Más tarde, ese concierto nocturno me transportó a las fiestas de adolescente en Cuernavaca, en las que el primer amor se inauguraba. De novios, tú y yo —como siempre teníamos "chaperones" enviados por mis papás— buscábamos escaparnos y salir del ruido para encontrar un rincón oscuro y besarnos. Esas sensaciones nuevas estaban acompañadas con el sonido de las chicharras de fondo.

Cuando por las noches en Tepoztlán, Morelos, en casa de tus abuelos, nuestros hijos salían al jardín a jugar escondidas con sus primos, también escuchaba la sinfonía de las chicharras mezclada con sus risas y diversión y sentía en la piel la felicidad, que un día sentí, al descubrirme plena. Noches que se vuelven inolvidables para todos quienes las viven.

Hoy, aquí, en la casa frente al bosque, donde mis nietos se encuentran y el concierto de las chicharras emerge a través del silencio de la noche, puedo reconocer su origen sagrado y la pertenencia de cada uno de nosotros a esa naturaleza, misterio y belleza. De extraña manera me siento conectada a ti. No cabe duda que somos uno, no estamos separados, para ello no existe una explicación racional, pero se siente como una verdad profunda. De esta manera, una vez más en mi vida, el canto armonioso y constante de las chicharras me reconecta conmigo, contigo que te extraño tanto y con el motivo por el que tanto me gusta escucharlas: me dan una profunda paz. Recuerdo aquella frase de Albert Camus: "En las profundidades del invierno finalmente aprendí que en mi interior habitaba un verano invencible".

El cielo y el infierno coexisten

Recuerdo esa mañana de sábado, un día sin itinerarios ni expectativas, de no hacer nada para quienes somos afortunados. Me recosté sobre la tierra, después de andar en bicicleta varios kilómetros. Al observar el cielo y las nubes en un silencio que sólo el campo tiene y sin pensar en nada en particular, tuve esa extraña y placentera sensación de simplemente ser; misma que llega sin buscarla y que se olvida en el ajetreo de la vida diaria.

Me di cuenta que, a pesar de las situaciones difíciles por las que pasemos, en esos instantes sentí el cielo; la existencia converge y todo se vuelve armonía.

También me di cuenta de que la vida es perfectamente imperfecta. El cielo y el infierno coexisten hombro a hombro, no tenemos que morir para conocerlos. Sin importar dónde, cómo o con quién te encuentres. Un segundo basta para cambiar de pensamiento, para cambiar de un lugar espacioso, tranquilo y abierto, al infierno que te succiona en un instante. En la mente todo cambia, mientras en el exterior nada cambia.

El cielo y el infierno son un estado mental. Aquella frase de Buda: "El dolor es inevitable, el sufrimiento es opcional", lo comprueba.

Recuerdo un cuento zen que habla de lo que en realidad son el cielo y el infierno:

Un guerrero samurái fue a ver al maestro Hakuin y le preguntó:

—¿Existen el cielo y el infierno?, ¿dónde están las puertas que llevan a uno y otro, cómo puedo entrar o evitarlos?

Hakuin le respondió con una pregunta:

—¿Quién eres?

—Soy un samurái —le respondió el guerrero—, un jefe de samuráis. Hasta el emperador mismo me respeta.

Hakuin se rio y contestó:

—¿Un samurái, tú? Pareces un mendigo.

El orgullo del samurái se sintió herido y olvidó para qué había ido. Desenvainó la espada y estaba a punto de matar a Hakuin, cuando éste le dijo:

—Esa espada, esa ira, le abren la puerta al infierno.

Inmediatamente el samurái entendió. Puso de nuevo la espada en su cinto y Hakuin dijo:

—Y ésta es la puerta al cielo. Ambas puertas están dentro de ti.

No cabe duda, la armonía es mental, no depende del afuera. ¿Qué decido albergar en la mente y el corazón? La elección es tu privilegio y trabajo. Observa como policía tus pensamientos y no permitas que te lleven por las resbaladillas de la mente a territorios de tormento.

Todas las mañanas y antes de acostarme, le dedico 15-20 minutos a practicar la respiración consciente. Sé que me hace bien. Cuando eres testigo de esa cadencia al inhalar y exhalar de manera lenta, al mismo tiempo en que agradeces por lo que en ese momento sí hay, sucede algo que el sentido común define como "estar en el cielo". Comprender esto es otra de las herramientas que me han ayudado a salir adelante.

El cielo aparece sólo en el presente, de adentro hacia afuera, cuando la mente se aquieta, disfruta, aprecia lo que le rodea, sin importar qué situaciones vivas. Si bien, en ocasiones es un regalo que surge de repente y en un instante, por lo general te pide abrir de manera intencional esa puerta mental para vivir con salud y en armonía, a pesar de las tribulaciones o del espacio donde te encuentres.

Sí, el cielo y el infierno coexisten aquí y ahora. Es tu elección decidir dónde quieres vivir. Una cuestión de conciencia.

Dejar huella

Un hombre no planta un árbol para sí mismo.
Planta un árbol para la posteridad.

Alexander Smith

Hay manos que son un resguardo puro. Manos que elaboran arte. Manos que sanan. Y manos que dejan huella.

Hace 30 años, al pasar por un tramo de la carretera del Estado de México, lo único que podías ver eran llanos desolados, sin árboles y áridos. Hoy, ese paisaje cambió por completo. La vista se deleita al ver un bosque que explota de verde y exuberancia, pájaros y flores silvestres. En ese verdor veo tus manos y el trabajo que te costó aprender las lecciones que el campo ofrece a un citadino.

—El campo es muy fácil —te dijo un amigo con experiencia agrícola—. Sólo son 100 lecciones: una por año. No cabe duda de que el maestro es la vida, lo demás es conocimiento.

Y así fue, el primer año los arbolitos sembrados se murieron por la mala calidad de la tierra. El segundo, sucumbieron por exceso de abono. El tercero, algo en las raíces enredadas impidió su desarrollo. Tu insistencia en reforestar logró que hoy, el paso por ese tramo de tierra luzca lleno de vida. Durante los 30 años en que tuvimos esa vieja hacienda, te dedicaste a reforestar y a reforestar alrededor de ella.

De nuevo recuerdo la pregunta.

—Si tuvieras la posibilidad de llevarte algún objeto para el día después del juicio final, ¿qué te llevarías? —y sin dudarlo respondí—. Tus manos.

Las manos son mucho más que instrumentos útiles para tomar cosas, para asirnos, para cocinar, teclear una computadora o trabajar con una pala. Las manos no sólo hablan de las obras de nuestra vida, transmiten nuestra esencia y comunican energéticamente las emociones más auténticas.

Recuerdo esa frase que vimos alguna vez pintada con letras enormes en la barda de una escuela rural, donde alrededor sólo había campo durante kilómetros: "Deja el mundo mejor de como lo encontraste". Era un mensaje directo para cualquier persona que la viera. ¡Y vaya que lo hiciste!

"Ahora resulta que el marido cuando fallece, ¡era un santo!" dice una amiga en tono de burla. Entiendo lo que dice y le doy la razón. Sin embargo, puedo afirmar que tú no eras un santo, pero el amor que de ti emanaba, sí. Amor que se reflejó en actos de generosidad, de protección de las cuales inundaste a la familia, a la Tierra y a tus amigos durante toda tu vida. Y sé que el amor no termina en el tiempo ni en el espacio, es eterno.

Pasaron los años, y lo curioso es que aquella respuesta a la pregunta de la entrevista, de extraña manera se cumplía.

Unos minutos después de que fallecieras, una enfermera entró al cuarto, con una almohadilla de tinta negra y un rodillo en las manos.

—¿Quiere quedarse con las huellas de las manos de su esposo? —me preguntó.

—¿Qué? —en el aturdimiento, no comprendí la pregunta. Nos mostró unas hojas de papel—. Sí, por supuesto —respondí.

La enfermera hizo lo propio y me entregó tus manos de dedos largos impresas dentro de un sobre.

Mi deseo se cumplió. Mas ahora que lo pienso, no era necesario. Dejaste en la tierra, en el corazón, en el alma y en la mente, una huella que veo, siento, agradezco, y será siempre parte de mi vida.

15

¿De qué me arrepiento?

No le temas a la muerte porque, mientras estés vivo, la muerte no estará y cuando llegue la muerte, quien no estará serás tú.

Epicuro

magino que parte del proceso consiste en voltear hacia atrás y preguntarte a la distancia: ¿Qué pude hacer mejor? ¿Qué no hice del todo bien? ¿De qué me arrepiento?

Quizá con culpa, con dolor, encuentras situaciones en las cuales pudiste actuar mejor, reaccionado mejor, aceptado mejor o dicho mejor. Para mí, una de ellas fue no querer ver durante esos dos años previos a tu muerte la realidad.

Deseo haber tenido el valor de conversar más contigo acerca de la muerte, de tus temores y de los míos. Sólo en una ocasión, mientras comíamos en un restaurante y bajo la sugerencia de Elvira, mi tanatóloga, quien me dijo: "Hablar de la muerte no la acerca, como evitar hablar de ella no la aleja".

Me atreví a tocar de manera directa el tema y hacerte dos preguntas:

—¿Tienes miedo a morir?

De momento te quedaste callado, bajaste la mirada y con tu mano de dedos largos, tomaste el vaso con whiskey en las rocas para llevártelo a la boca y darle un trago.

—No, no le temo a la muerte, le temo al cómo. Sólo no quisiera sufrir —me respondiste—. Prométeme que no vas a permitir que me conecten a máquinas de ningún tipo, o que prolonguen mi vida de manera artificial.

—Te lo prometo —contesté.

La segunda pregunta fue:

—¿Dónde te gustaría que depositáramos tus cenizas?

Inhalaste, te quedaste pensando, mientras tus ojos azules, con mirada que apuntaba hacia adentro de ti y al mismo tiempo hacia la nada, me respondiste:

—Te pido que en el campo, en el jardín, en algún lugar libre. Por favor, no me vayas a encerrar en un nicho frío y oscuro.

—¿En qué jardín?

—En el nuestro.

Ahora era yo quien suspendía la inhalación para tomar un trago de vino y asimilar el mensaje. Los dos ignorábamos que, en pocos meses, tus hijos y nietos cumpliríamos tu deseo.

—Por supuesto —te contesté.

De forma muy honesta, me miraste a los ojos y me dijiste:

—Estoy seguro de que tú vas a estar muy bien, vieja linda. Y de que vas a rehacer tu vida.

Me quedé callada con un nudo en la garganta. El mesero llegó con la comida. Los dos agradecimos que nos sacara del tema que tocábamos.

No es fácil hablar de la muerte. De hecho, es un tabú. Sin embargo, hay que tener esas conversaciones que tanto tememos. De extraña manera es liberador.

Debí retomar el tema y preguntarte más sobre lo inminente, como:

—¿Qué te inquieta sobre el futuro de cada uno de tus hijos, tus nietos, el mío, las finanzas? ¿En quién me apoyo en caso de necesitar asesoría?

Hacer estas preguntas, en especial mientras estabas en tus facultades, fue incómodo mas necesario.

Tarde aprendí que debemos verbalizar lo que sentimos, aunque en ocasiones no tengamos ni palabras. A la otra persona la hace sentir acompañada y para nosotros es muy sano y liberador. ¿Por qué nos da tanto temor plantear estas preguntas?

Pregunta, pregunta...

Después de esa comida, advertí que las respuestas a las dos únicas preguntas que te hice fueron muy importantes. Cuánta razón tuvo Elvira, mi tanatóloga, sin embargo, me quedé corta.

Debemos hablar de la muerte con más naturalidad, sin darle tantos rodeos al tema. Hacer las preguntas que nos inquietan: "¿Qué nos aconsejas hacer con tu empresa?" "¿Qué hacemos con tal o cual persona?" "¿Cómo quisieras que manejáramos tal cosa?"

Sólo sé que en los momentos más complicados cuando cuidas a un ser querido en una situación de salud extrema te pones en modo "complacencia", sin ver más allá de eso. También la familia alrededor ignora el cansancio físico, las noches sin dormir o las incomodidades, con tal de hacer la realidad más llevadera, y ni se nos ocurre tocar temas "incómodos".

"Ya habrá tiempo", me decía. Con ese pensamiento mágico que te duerme ante la realidad de la muerte de la persona que más amas me quedaba. ¿Fue cobardía o inconsciencia? Quizá las dos. "Ya habrá tiempo". Y es mentira, no lo hay.

El gran consuelo que me queda y nos queda a toda tu familia es saber que, si a esta vida vinimos a dar y a recibir amor, vaya que cumplimos. Tú te entregaste con todo, tus hijos se entregaron con todo y yo me entregué con todo.

¿Qué harías diferente?

Si me hubieran preguntado años atrás, si me consideraba una persona controladora, lo negaría rotundamente. No por quedar bien, sino porque en realidad no consideraba serlo. Tal era el tamaño de mi punto ciego, pues resulta que sí lo soy y lo fui, en especial, contigo, gordito. Ahora me doy cuenta de lo absurdo que fue y del sufrimiento que conlleva. Es como escoger sufrir, así de sencillo.

Las ocasiones que tuvimos algún problema como pareja —que fueron pocas—, fue porque quise controlar tus hábitos de comida y bebida. Y tú eras todo un caballero, mientras no trataran de controlarte. ¡Era lo peor para ti!

Cuando temes perder a un ser querido, te aferras a un sistema de lo que sí y lo que no se debe hacer; de lo que está bien y lo que está mal. Piensas que, si te proteges contra el dolor y el sufrimiento, podrás sobrevivir.

No sé en qué momento de mi vida me impuse por temporadas la responsabilidad de ser, además de tu esposa, amiga y amante, la vigilante de tu salud. Por tal motivo, me daba por observar si tu estilo de vida era lo suficientemente sano, de acuerdo, claro, con mis expectativas.

"Mi vida, no fumes otro puro", "no le pongas más chorizo", "es pura grasa saturada", "tenemos que hacer más ejercicio", "¿otro whisky?" Y si no lo decía, lo pensaba. Y como la energía no se puede disimular, esconder u ocultar, te dabas cuenta perfecto de mi desaprobación, aunque tuviera una sonrisa en los labios. Como lo mencioné, me conocías mejor que yo. El amor, por temporadas se convertía en control, lo que tuve que trabajar. Insistía en que fueras a tus chequeos médicos anuales, en que te alimentaras bien, ¡cuántas vitaminas y antioxidantes te di! Sentía que podía de alguna manera controlar los años que vivirías y permaneciéramos juntos. Pero ¿controladora, yo? ¡Para nada!

Recuerdo cuando te daba jugos verdes en las mañanas y me quedaba muy tranquila, mientras tú te ibas a desayunar unos tacos cerca de tu oficina. Por supuesto, en ese momento nunca me enteraba. Después era motivo de burla entre nuestros amigos. Y ¡cuánta paciencia me tenías! Un día con humor me dijiste: "De tomarme todo lo que me recomiendas en ayunas, me darían las doce del día".

Mi paz y tranquilidad por días se basaban en lo que hacías o dejabas de hacer. Es decir, si cumplías *mis* expectativas. La fórmula perfecta para pasarla mal. ¡Es imposible! Hasta que compré un libro sobre codependencia y entendí que me imponía el sufrimiento de manera gratuita.

Ya Buda lo afirmaba: "Las expectativas son el origen del sufrimiento". Si tratas de contar todas tus expectativas, no acabas.

Hoy me percato de cuánta preocupación me hubiera ahorrado, al darme cuenta de que la vida es individual y que tus decisiones, tu estilo de vida, no estaba en mis manos. Ahora sé que era tan absurdo como tratar de controlar el viento.

Te pido una enorme disculpa por ello.

Te acepto tal y como eres

Uno de los cantantes que a los dos nos gustaba mucho era Barry White. Tenía una canción cuya letra durante muchos años no me dijo nada, la cantaba sin comprender su sentido:

"*I love you just the way you are*", que significa: Te amo tal y como eres.

Hasta que un día contigo muy enfermo la escuché y me reclamé no haberla llevado a cabo, en ocasiones, tal cual.

Te amo tal y como eres...

Esa frase me llegaba al alma en forma de reclamo. ¿Por qué no lo puse siempre en práctica sin querer modificar ni un minuto, un ápice el cómo eras? Ahora sé que el arrepentimiento también es parte de la fuerza de la vida, es una sensación que marca tus errores en el camino y tiene un propósito: no repetirlos. O que, al narrarlo, le sirva de reflexión a quienes te escuchan o hacen el favor de leerte. A veces, uno aprende tarde las lecciones.

"El instante ordinario"

Siempre escuché la historia de mi abuela Margarita, acerca de mi abuelo Joaquín, pero no había dimensionado su significado hasta que me casé.

Con frecuencia, mi abuelo padecía de infecciones en la garganta. Un día acudió al doctor quien le mandó quitarle las amígdalas como solución. Pero...

para no preocupar a mi abuela, que la consentía como si fuera la única mujer en el mundo, nunca le dijo que se internaría en el hospital. Como pretexto para ausentarse, le dijo que iría un par de días a Puebla a trabajar y que muy pronto regresaría.

Al día siguiente, mi abuela preparaba la comida en la cocina, cuando sonó el teléfono:

—¿Señora Margarita Vargas? llamamos para decirle con mucha pena que su esposo, Joaquín Vargas, acaba de fallecer en el hospital a causa de una complicación con la anestesia.

Un "instante ordinario", como lo llama Joan Didion en su libro *The Year of Magical Thinking*. Imaginé el dolor tan inmenso, la impotencia, la incertidumbre que ella debió de sentir en esos momentos.

Mi abuela, como mencioné, se quedó viuda con una niña de dos años y un bebé recién nacido: mi papá. Corría el año 1920 y una mujer del norte como ella, sabía todo acerca de la casa, la cocina y el cuidado de los hijos, mas nada acerca de cómo generar un ingreso.

—A la muerte de tu abuelo, nos quedamos sin dinero, lo poco que él me dejó, que era suficiente para sobrevivir, el administrador se lo robó —me dijo.

Así que mi abuela se quedó sin un peso y dos niños que alimentar. El hambre hizo que ella fuera creativa y comenzó a rentar dos cuartos de su casa a los estudiantes de Linares que venían a la Ciudad de México a estudiar. Cocinó para vender en viandas la comida a familiares y vecinos, mismas que mi papá más tarde repartía en patines al llegar de la escuela pública Benito Juárez. También, más tarde, ella compró una máquina para pulir pisos que, en su momento era la novedad, actividad que también mi papá ejecutaba por las tardes. En fin, salieron adelante como pudieron.

Mi papá siempre le guardó gran admiración y gratitud a mi abuela, quien, como pudo, los sacó adelante. Ahora pienso que, tal vez, esta historia que escuché de mi abuela influyó en mi temor exagerado a perderte. ¿O es pretexto?

Nada vale más que un abrazo

"Enlista a las cinco personas o cosas que más valoras en la vida, por orden de importancia", el maestro nos lanzó la orden en el congreso de logoterapia unos cinco años antes de tu partida. Me detuve y reflexioné. Pensé en ti y, como una ola, me inundó, me envolvió. Me sentí plena. Tu nombre es lo primero que escribí. Mis compañeros y yo, entusiasmados, intercambiamos nuestros tesoros: mis hijos, mis nietos, la salud, mis yernos, mis papás, la naturaleza, los amigos, la vida, en fin. Es difícil, dimos jerarquía a tantos amores, y a todo aquello que siempre asumimos como un hecho.

El siguiente planteamiento cayó como balde de agua fría: "Imagina que pierdes aquello que escribiste en primer lugar. ¿Qué pasaría?" De inmediato, se hizo un silencio. Todos sentimos un puñal en el plexo solar. Esa idea existe siempre, pero te la quitas de la cabeza como si se tratara de un mal pensamiento. En ese momento, teníamos que anidarla, sentirla, escribirla y comunicarla. "¿Qué me pasaría si pierdo a Pablo?" Con sólo pensarlo mi vida se apagaba. Encontraba difícil expresar con palabras el sentimiento de orfandad al que me asomé. Qué razón tiene Borges al escribir: "No hay más paraísos, que el paraíso perdido".

Una vez que intercambiamos nuestros dolores, reales e imaginarios, escuchamos el tercer planteamiento: "Imagina que la vida te da la oportunidad de recuperar aquello que perdiste... ¿Qué harías diferente? ¿Qué actitud cambiarías?" Es increíble lo que un ejercicio de este tipo te puede hacer reflexionar. ¡Qué importante es ser conscientes de cuando estás en el paraíso! Apreciarlo y disfrutarlo. ¿Qué harías diferente si tuvieras la oportunidad de recuperar aquello que más valoras?

Volví a respirar, surgió el alivio de una segunda oportunidad. En ese entonces te escribí: "Pablo, te quiero decir que esa semana me preocupaba qué iba a darte de regalo para el día del padre, sin embargo, después de sentir que podía perderte, decidí que mi regalo sería algo intangible pero más trascendente, algo que te durara más que la moda de una corbata o el gozo de una loción".

Pensé en todos aquellos momentos que escogí para escribir en la computadora en lugar de sentarme junto a ti, para ver la televisión, abrazados. Qué tiempo perdido... Qué rápido olvidé aquello que Concha mi amiga, y yo, las dos amantes del trabajo, comentamos un día: "No hay nada que valga más que un abrazo cálido y apretado. ¡Cómo reconforta y enriquece! Que no se nos olvide". ¿De qué sirven los logros, las posesiones o el reconocimiento, si estas solo? Mi papá siempre lo repitió una y otra vez: "Llórate pobre, pero no te llores solo". Qué fácil es repetirlo y qué difícil es trabajar en ello y ganarse el cariño del otro. Porque como lo mencioné, querer es muy fácil, lo difícil es que te quieran, y que quieran estar contigo. Y las horas de trabajo, tenlo por seguro que no lo logran... Por eso, me prometí organizarme más y reservar mi tiempo para ti, para disfrutarnos más juntos, abrazados, mientras nos acompañamos.

¿Qué hubiera hecho diferente? Al estar ahí, contigo, me hubiera gustado "estar más", interesarme más en tus cosas, en lo que vivías y pensabas, en darte toda mi atención y escucharte sin distracciones cuando me contabas cómo estuvo tu día, antes de llenarte de cómo había sido el mío. Qué irónico es pensar que, a veces, entre más cerca estamos de las personas, más miopes podemos ser a sus estados de ánimo. Ciegos para percibir las etapas o crisis por las que pueda estar pasando, incapaces para ver su corazón. Me hubiera sacudido la rutina, la conversación trivial y enamorarte a diario.

Pensamos que somos eternos.

¿Qué hubiera hecho diferente? Sería más prudente y no trataría de cambiarte en absurdas pequeñeces y, para descubrir tus necesidades, hubiera sido más atenta y cariñosa y hubiera estado abierta a lo que decías y a lo que, quizá para que no me preocupara, a veces no decías. Sobre todo, te hubiera dicho más seguido lo que te admiraba, que me enamoraba tu serenidad, tu fortaleza, tu valor, tu integridad, para afrontar y sobrellevar los problemas que la vida te presentaba.

Por último, te hubiera querido dar las gracias más seguido, por el amor que de ti recibí.

16

El árbol de magnolias

Amar es más bien una oportunidad, un motivo sublime que se ofrece a cada individuo para madurar y llegar a ser algo en sí mismo; para volverse mundo, todo un mundo, por amor a otro.
Rainer María Rilke

" Todo comienza y termina con un árbol", escribió Tatiana de Rosnay.

Un día de 1914, nació Ramiro, mi querido suegro, y su papá plantó un pequeño magnolio para marcar la fecha en que se estrenaba como padre. Lo sembró en el patio de su casa en la colonia Tacubaya.

Ramiro creció, se hizo arquitecto y cuando tenía 28 años, se casó con Leonor. Los años pasaron. En 1969, al fallecer los abuelos, Ramiro y su hermano, vendieron y regalaron lo que había dentro de esa vieja casa de Tacubaya. Lo único con lo que mi suegro quiso quedarse fue con el árbol de magnolias que marcaba su fecha de nacimiento. Organizó trasladar el árbol de la casa de sus padres a la suya, en el sur de la ciudad.

Cincuenta y ocho años después, en 1972, Pablo y yo nos casamos. Entré a la iglesia vestida de novia y con un ramo de magnolias de aquel árbol. Ramiro, "El Güero", las había cortado esa misma mañana.

En 2005, para preservar el magnolio, Pablo decidió sacar esquejes y plantar hijos, que reprodujo y sembró por donde pudo para crear una sombra acogedora y significativa. Cuando mis suegros fallecieron, la casa del sur de la ciudad se vendió con todo y árbol, que era ya muy grande y viejo para ser trasplantado. No obstante, Pablo volvió a sacar otros hijos de los hijos del árbol abuelo.

El 27 de mayo de 2022, le cumplíamos a Pablo, amante de la naturaleza, como siempre lo fue, lo que me solicitó en aquella comida. Después de hacer, en compañía de la familia, todo tipo de rituales amorosos, religiosos y espirituales, con cien fotos que Carla colgó alrededor de momentos felices, grandes y chicos tomamos un pequeño guaje para sacar un poco de sus cenizas de una bandeja cubierta con una tela blanca y una rosa. Fue conmovedor ver que, de algún modo, el tabú acerca del polvo en el que finalmente nos convertimos —tan simple como real— se rompía. Con naturalidad, cada uno cumplió el último deseo de Pablo. Las distancias de alma a alma desaparecieron, mientras conversábamos y le agradecíamos. La unión fue total.

Sus nietos depositaron lo que quedó de sus cenizas en un hueco de tierra hecho de manera específica

para sembrar a un nieto de aquel árbol que el tatara-
buelo plantó cuando nació su primer hijo. Era curiosa
la coincidencia: los hijos de los hijos del hijo humano,
sembraban al hijo de los hijos del hijo vegetal. El inevitable ciclo de la muerte y la vida se cumplía. Todos
nos dimos cuenta de que los árboles contienen historias, linaje, vida y nuestras almas los habitan.

Lo que a todos sorprendió fue que, en noviembre,
a los seis meses de plantado, el pequeño magnolio
floreó con el gusto de sus ancestros. "Normalmente,
los árboles se concentran primero en echar raíz —nos
dijo la experta— y florean en primavera y septiembre,
pero definitivamente no en noviembre ni tan pronto".
Todos sonreímos. Guardé los pétalos de esas primeras flores en mi libro favorito.

A un año de su partida, veo el árbol y a todos en la
familia renacer contentos, somos más fuertes, más
empáticos que nunca y con más recursos para flore-
cer ante lo que la vida nos presente.

Sí: "Todo comienza y termina con un árbol".

Sí: "Todo comienza y termina con un ser que surge
de otro ser".

¿Viuda?

Cuesta trabajo de un día para otro saberse "viuda",
un término que tiene, en general, una carga de vejez,
de decrepitud y de soledad. Nunca me vestí de negro. Lo considero innecesario, la pena se lleva dentro,

además, ese color ayuda a deprimirse más y a crear un entorno de energía baja que en nada ayuda. A ti te gustaba verme contenta y fuerte, así que me propuse intentar serlo.

Se requiere fortaleza para no hacer de la pérdida el centro de tu vida. Se necesita valor para escuchar al propio corazón cuando está hecho añicos. Se requiere coraje para colocar los pies en el borde de la puerta del avión y lanzarse al abismo al aceptar que las cosas nunca volverán a ser como antes, sin tratar de cubrir el dolor con un "pobre de mí". Se necesita valentía para permitir que la tristeza se despliegue a sus anchas y ocupe el espacio y tiempo que pide. Todo esto es aterrador y al mismo tiempo necesario para integrarnos a una nueva vida.

Es difícil aceptar tu nuevo estado, en especial, cuando te toca llenar un formulario y tienes que escribir: "Viuda". Es una expresión que, durante años y años, nos -me-, sonó tan lejano... hasta que lo escribí con mi puño y letra. Lo ves en tinta negra y la realidad te golpea. ¿Por qué habría de golpearte si a diario suceden cosas muy dolorosas a muchas personas? Sin embargo, es así y es parte del proceso de aceptación.

Por otro lado, cuando tu compañero o compañera de vida fallece, en algunos círculos ya no encajas como antes, lo que es lógico. Esa es la realidad. La nueva situación te obliga a abrirte a conocer amigos nuevos, a salir de tu zona de confort. Quizá algunas invitaciones, de inicio no se te antojan, pero más tarde te das cuenta de lo bien que la pasaste.

Ser viuda me ha mostrado que se requiere valor para abrirnos a otras experiencias y a distintas actividades, intereses, nuevas amistades, en lugar de encerrarnos en un cuarto sin salida. Hay que decir a todo "sí", como dice Ernesto mi hermano, cuando los hermanos nos reunimos o viajamos juntos. Al menos la primera vez. Ya después decides si estuviste a gusto o prefieres quedarte en tu casa. Cuesta trabajo, sí. Afortunadamente siempre hay amigos y familia que nos ayudan en el proceso, si estás abierto.

Otro tema a reconocer es que, aunque la persona enviuda, para algunas amistades parece que los dos fallecieron; es doloroso, pero real. Es decir, algunos muy buenos amigos desaparecen por completo. Razones pueden existir muchas, y se pueden comprender, sin embargo, no deja de ser triste. Por eso debes ser tu propia luz, tu propio arcoíris, sin esperar nada de nadie.

Sin duda, la compañía amorosa de familia y amigos te sostiene ante una pérdida. En el día a día no nos percatamos de su enorme importancia, pero en una crisis, enfermedad o cuando acontece una pérdida, tal como esos coches que se transforman en súper héroes, aparece la gran estructura de la familia y los amigos que nos sujetan. Sin ella, seríamos el molusco que nos sentimos por dentro.

A mi parecer, los fines de semana son los más difíciles, en especial, los domingos. Para una amiga son los sábados. El tema es planear y anticipar. Es así como con tiempo, organizo planes con mis hijos, nietos o con mis hermanos. El hecho es que, poco a poco te adaptas a todo, en especial a disfrutar de tu propia compañía. Y encuentro cuán importante es haber creado mi propio mundo.

La historia se repite

Qué cierto es aquello de que "las cosas quedan, la gente se va". Cuenta una historia que, a principios del siglo pasado, una pareja sin hijos vivió en una vieja casona, ubicada fuera de la Ciudad de México, que tenía un baño de boiler de leña. Durante 50 años, marido y mujer dedicaron su vida a las labores del campo, principalmente a la siembra y el cuidado de animales, tales como vacas, cerdos y gallinas, mismos que vendían a la gente de las poblaciones aledañas para sostenerse. La señora, además, enseñaba a las mujeres de los trabajadores a bordar y a coser mantelería a la usanza europea de aquella época, para que aprendieran un oficio y pudieran lograr un sustento. Incluso creó una pequeña escuelita que contaba con un maestro que les enseñaba a leer y a escribir a los niños.

Los miércoles y los domingos, la señora paseaba por el mercado en la plaza del pueblo, montada a caballo para asegurarse de que, en cada puesto, los precios fueran justos.

La gente los apreciaba mucho. Al poco tiempo, el esposo falleció en un accidente. La viuda, para cuidar sus intereses se quedó a vivir sola en la vieja casa, hasta conseguir venderla. Cuentan que, durante seis meses, ella abandonó todo y se encerró a llorar su pérdida dentro de una pequeña sala que tenía una ventana, desde donde vigilaba que los trabajadores cumplieran con lo suyo. Por dicha razón, las personas que la conocían bautizaron a la sala como, "la jaula".

La viuda contaba sólo con una hermana, que estaba casada y tenía varios hijos, mismos que tuvieron la intención de comprar la residencia. Pero la propietaria se negó a vendérselas por razones desconocidas. En cambio, para berrinche de los sobrinos, escogió como comprador a un señor que decían era exitoso, estaba casado, tenía muchos hijos y vivía en la Ciudad de México. Tras la compra, el señor remodeló la casa y la mantuvo por 50 años, hasta su muerte.

Como toda casa vieja, la mansión estaba llena de leyendas e historias de fantasmas que a algunos fascinan y a otros espantan. En ese tenor, cuentan que durante todos esos años, las mujeres de la nueva familia, desde las niñas hasta la abuela, pasaban las tardes platicando y chismeando dentro de aquella sala con ventana. Los hombres decían que hablaban "como pericos", con lo que el sobrenombre de "la jaula" adquirió de nuevo sentido, aunque por razones diferentes.

A la muerte del señor exitoso su viuda también habitó "la jaula" con su pena, pero sus hijos, ya cada uno con familia propia, no quisieron hacerse cargo de la antigua casona con baño de boiler de leña que, finalmente, el tiempo derruyó, por lo que la pusieron a la venta. Esto sucedió hace precisamente 31 años.

Desde entonces, en mi familia hemos tenido la oportunidad de ir a esa vieja casa que guarda secretos de épocas remotas, que ya nadie conserva en la memoria. Pablo, mi esposo, compró la casa y a lo largo de los años, poco a poco, la restauró y modernizó con Ramiro su papá y Lupe su hermana, hasta devolverle su belleza y crear un lugar feliz, donde sucedieron cosas muy importantes para la familia.

Y como la historia es cíclica y se repite, un siglo después, en esa misma sala se sienta una viuda, inmersa en las leyendas de antaño, a veces sola, a veces acompañada por otras mujeres que felizmente hablan como "pericos". Al igual que aquella otra viuda de principios de siglo xx, la de ahora toma asiento rodeada del amor de sus perros, mientras añora y agradece los momentos vividos en ese lugar en compañía de su marido. Tiene el consuelo de verlo en cada árbol por él sembrado, en cada tabique restaurado, en cada maceta de geranios que adorna los pasillos y, también, al abrir la llave de una regadera moderna en la que sale, bendita sea, el agua caliente.

Sí: "Las cosas quedan, la gente se va".

Soledad acompañada

La realidad no se puede evitar, sólo enfrentar. A las pocas semanas en que te fuiste, decidí ir a Cancún, así como desde hace 35 años solíamos ir todos juntos en familia. Esta vez me fui sola pero acompañada de "la Güera", mi perrita. Ignoro si ella necesita estar cerca de mí, o siente que yo necesito estar cerca de ella. Sin duda, su compañía me envolvió en esa energía intangible, podría decir, de amor, que me hizo sentir bien y en casa. Benditos seres sintientes, estoy segura de que tienen una sensibilidad mayor a la que les reconocemos.

De una extraña manera el alma me pedía estar sola, lo buscaba, lo necesitaba al vislumbrar que mi vida había tomado otro giro por completo. Estar presente es como trato de eliminar el temor y la duda que amenazan con acompañarme desde tu partida. En soledad quise enfrentar mi nueva situación sin ningún velo. "Soledad", no como "la Antártida del alma", tal como el doctor Robert Weiss se refiere a un sentimiento de infelicidad, sino como un retiro para poner claridad y luz a mis pensamientos y sentimientos.

Estar aislada es una lección difícil de aprender. Sin embargo, saberme acompañada a distancia es lo que me regaló la capacidad de estar sola y amparada,

¡vaya privilegio! Saber que lo tengo me permitió estar allí en busca del yo, de mi yo. Con ese respaldo, la soledad se convierte en algo valioso y nutritivo. Ese retraimiento me permitió tomar distancia de mi vida y apreciar la belleza de la naturaleza, el vuelo de las gaviotas, el centelleo del sol sobre el mar, el sonido de las olas y, por la noche, ver una estrella fugaz, que de otra manera jamás la hubiera visto. Así como percatarme de que estamos inmersos en algo impalpable que, sin darnos cuenta, nos envuelve de manera constante.

Al día siguiente de mi llegada, salí a la terraza en la que solíamos desayunar. La mesa con dos o más lugares solía esperarnos, ahora la confrontación con un solo plato me dolió. Visualice mi realidad. Inhalé profundo y me senté. Por supuesto, acompañada de "la Güera", que me distraía y me regresaba al presente. Me tendré que acostumbrar.

Mi primera reacción fue tomar el celular para defenderme del momento. Me di cuenta de que era huir de la realidad. Lo solté.

Descubrí que, por medio de una rutina de ejercicio, alimentación, meditación, trabajo, lectura y caminatas en la playa, el día fue tomando orden y el alma también.

Hay muchas maneras de nombrar al "intangible": Dios, conciencia, amor, esencia, lo único que sabemos es que existe, pero, como el aire, no lo podemos ver; es la causa cuyo efecto se refleja en cuanto toca, como en el caso de las palmeras cuyas ramas parecen bailar a la distancia. Está en todos lados, adentro y fuera de nosotros. En las montañas, tanto como en el mar y en los pulmones. Es más grande que la individualidad.

Sin duda, la soledad, aunque sea por una hora, un día o una semana, alimenta el espíritu y es necesaria para el encuentro con uno mismo, para pensar y para reflexionar. Es cierto que nuestra vida diaria no nos prepara para saber estar solos. "¿A qué horas?", nos decimos. El trabajo, las prisas, el ruido, las pantallas de la tecnología como extensión de nuestras manos toman el mando y, como consecuencia, sobreviene la fragmentación y el olvido.

"No es el coche el que nos rebasó —le contesta el conductor a su pareja— nos rebasó el olvido", escribe Milan Kundera en su libro *La insoportable levedad del ser.* El olvido de uno mismo, el olvido de lo que sentimos y pensamos, del tiempo que se disfruta. El olvido de voltear a mirar al otro y saber que existe. Quizá es por lo que después de un torbellino, uno busca la soledad como el sediento un vaso de agua.

La necesidad de reencontrarnos con el yo de nuestro yo, con el sonido de lo genuino, como diría Howard Thurman, siempre está latente, soterrada. Habría que reaprender a estar solo, sola, para darnos cuenta de que nos da algo muy valioso: encontrarnos con lo que en realidad somos, con nuestra esencia armoniosa, perfecta y omnipresente, que está a la espera de nuestro regreso a casa, cual hijo pródigo. Ahí descubrimos que la vida regresa al vacío, de una manera más rica y plena que antes.

Sin duda, regalarnos un rato de soledad acompañada nos equilibra, limpia y ordena, en especial durante la etapa inicial del duelo. Nadie puede hacerlo por nosotros, así como nadie puede acompañarnos a hacer esto que tanto nos sana.

El intangible, en fin, es lo que provoca sentir la presencia del ser amado, que tu perrita te siga, que las palmeras parezcan moverse solas, el centelleo del sol y por las noches ver una estrella fugaz. El intangible, en soledad se percibe más fácilmente, pero si queremos percibirlo, siempre está ahí para nosotros.

Por otro lado, a mi regreso de esa semana en soledad, era inminente realizarme la operación de la cadera, algo que venía posponiendo por muchos meses. Pero, enfrentarme a un reto como éste, a dos meses de tu partida, sin ti, me parecía insoportable, como imposible me era caminar. Tenía que operarme a pesar de estar en medio proceso de duelo. Mis hijos me convencieron posponerla un par de meses más, ya que un trauma, como lo es una operación de la cadera, requiere de estabilidad emocional para restablecerse mejor. Tuve la enorme suerte de que el doctor Justino Fernández, lo hiciera. Gracias a su buena mano, me recuperé muy rápido y mi vida se aligeró enormemente.

Con los ojos del alma

"Todo el tiempo recibimos mensajes, Gaby", me dijo Adriana, "siempre están ahí, sólo hay que abrir el corazón y aprender a ver con otros ojos".

Su frase "con los ojos del alma" me ha resonado desde esa tarde en que nos tomamos juntas un café. La escuché con la esperanza de sentir, ver o percibir una señal tuya. En algún rincón de mi ser, sabía que era verdad, pero lo había olvidado. Te quería —quiero—, soñar a diario, que me enviaras una señal para saber que ahí estabas, acompañándome.

Si bien no creo en los fenómenos paranormales o sobrenaturales, estoy segura de que existe un campo de energía y amor, así como otras dimensiones más allá de las que nuestros cinco sentidos pueden captar. Simplemente, ¿cuántas cosas bellas y milagrosas se nos escapan en la vida por no verlas?

Recordé cuando Adrián, mi hermano, esposo de María, mi cuñada, y papá de tres hijos chiquitos, se nos adelantó —como lo mencioné, hace unos años, cuando él tenía 41—; de manera asombrosa, los primeros meses después de su partida, sus familiares y amigos experimentamos eventos excepcionales relacionados con la electricidad. No había forma de negarlo. Cada miembro de la familia podía relatar una anécdota extraña o una visita en sueños. A mí, una tarde, sus fotos me aparecieron al reiniciar mi computadora, otro día, el radio de mi baño se encendió solo, la tele de su amigo se encendió a las 3:00 de la mañana. En casa de su esposa e hijos, las luces tintineaban y las descargas repentinas de luz provocaron que en distintas ocasiones se descompusieran varios electrodomésticos, por mencionar algunas. En la boda de su hijo mayor, la cual fue en un día nublado y de mucho frío, cuando los novios bailaron su primera canción, un rayo de sol los iluminó como si de una lámpara de estudio se tratara y se escondió al término del baile. El cuarto donde se hospedó María, mi cuñada y viuda de Adrián, antes de la boda se llamaba "Adrián". ¿Son coincidencias, sincronicidades?

Como lo mencioné, a Carl Jung le fascinaba la idea de que los acontecimientos de nuestras vidas no son casuales, sino que expresan una realidad subyacente en la que todos somos parte de un orden más profundo, una fuerza universal unificadora que llamó *unus mundus*, frase en latín para expresar "un mundo". Todos somos rayos del mismo sol. ¿Qué tal si al abrir el corazón y la mente hacia una nueva forma de ver y comprender, podemos ver un mundo más amplio, profundo y bello?

No sé si lo fue o era mi deseo que así fuera. Un día de esos en soledad en Cancún, mientras comía sola en una terraza, miré al cielo y me encontré la figura de un águila creada con nubes. Tú siempre me dijiste que, de ser animal, te hubiera gustado ser un águila. Sentí que me acompañabas, estabas ahí, conmigo. A los cinco minutos volví la mirada al cielo y del ala del águila se formó un corazón perfecto que duró segundos. En mi lista de música en ese mismo instante sonó la canción de Barry White que tanto nos gustaba: "Never gonna give ya up". ¡En mi celular apareció la foto del día de nuestra boda! Y el calendario marcaba que ese día era "21", nuestro número. Nos conocimos un 21 de junio, nos hicimos novios un 21 de diciembre, nos casamos un 21 de abril y nuestro primer nieto nació el mismo 21 de abril. Como dice María, "si creerlo te hace feliz, ¡créelo! En las cosas más obvias se manifiestan, Gaby. Es tomar esos regalos sutiles de la vida".

Con esa filosofía, no lo dudé, eras tú. Gracias por esa señal. Estoy segura de que estás bien. Te amo, papito.

Decidí, desde entonces, tratar de ver con otra mirada. Poco tiempo después, viajé sola a Los Ángeles, California, a las graduaciones de mis nietos. Era el primer evento importante sin ti. Al subirme al Uber, escuché en la radio la canción que tú y yo hicimos nuestra desde que éramos novios: "Going Out of my Head". Sentí que me acompañabas. Cada vez que la escuchábamos nos tomábamos de la mano, intercambiábamos miradas o nos parábamos a bailar abrazados. ¿Por qué sonaba esa canción de los años sesenta en la radio ese día de julio de 2022, justo cuando yo me subí al Uber?

Posteriormente, en una comida en el jardín, acompañada por mi familia, las personas con quien más disfrutabas estar, levantamos la copa y brindamos por ti. En ese preciso instante, unas gotas de lluvia cayeron y desaparecieron al momento de regresar las copas a la mesa. Como si desde el cielo hubieras unido tu copa también. Todos sonreímos. Otro día, al abrir la puerta de mi recámara, el aroma a tu loción flotaba en el aire. Me quedé asombrada, extrañada y feliz. ¿Será?

Por supuesto, no hay prueba científica acerca de la realidad de estas experiencias. Sin embargo, tampoco se cierra la puerta a la posibilidad de que estos fenómenos tengan un significado más allá de lo que racionalmente puede explicarse.

Sé con certeza que el amor entre las personas no desaparece con la partida de una. Y si bien, hay mucho del universo y de la vida que no comprendemos, es un hecho que existe mucho más de lo que sabemos.

¿Qué es una presencia? ¿De qué están hechas las presencias? Una presencia es un amor eterno.

Y como un día me dijo Adriana, mi querida amiga: "Hay que ver con los ojos del alma".

Las dos voces

No obstante, después de un cambio de este tamaño, tarde o temprano la vida, sí o sí, exige sacudirse el estupor y reorganizarse. No hay de otra. De la transición se sale siempre, la cuestión es si se hace para mejorar o empeorar. Como respuesta, la vida nos ofrece dos caminos: confiar o temer, sin advertirte que los destinos a los que conducen son diferentes. Lo que es una realidad, es que no puedes hacer de la pérdida el centro de nuestra vida.

En lo que decides confiar o temer, permanecer en un mundo aislado sin mayor conexión se torna muy atractivo. Una voz interior dice: "Quédate aquí, ¿para qué te esfuerzas?, todavía no estás lista". Al tiempo que desde muy atrás, en el fondo, llega un llamado del alma, que con su voz respetuosa y firme cada vez se escucha más cercano: "Ya es hora, tienes una misión, levántate de tu comodidad", entre otros decires.

La lucha interior entre esas dos voces es cada día más fuerte. La primera conmina a no esforzarse para nada y la otra nos pide avanzar. Lo que es un hecho es que nadie se moverá por ti, nadie vendrá a rescatarte, como dice el dicho: "Si buscas una mano que te ayude, la encontrarás al final de tu propio brazo".

Así pasan los días y poco a poco llega el entendimiento de que las pérdidas se integran, no se superan. Afuera, la vida espera y eliges responder. Al decidir retomarla, poco a poco, comprendes que el amor y el dolor pueden coexistir. Las cosas suceden, tú decides si son buenas o malas, las absorbes y te adaptas, o no. Es una elección. Lo vivido te cambia, para bien o para mal. Y un día amaneces más consciente de estar ante una nueva realidad y de manera paulatina, obligado por la vida y con tus seres queridos, te das cuenta de que ellos observan y perciben tu actitud ante los retos, y queriendo o no, te conviertes en maestro de las siguientes generaciones.

¡Vaya responsabilidad! Al mismo tiempo, te percatas de que el duelo no es interminable, entonces te tomas de la camisa, te enderezas, retomas la vida y continuas tu transcurrir con alegría.

17

No vuelvas dolor lo que fue amor

**Deja que la vida vaya sucediendo y
traiga lo que tenga que traer.
Créeme, la vida siempre tiene razón.**
Rainer María Rilke

Pasan los días y quiero pensar que la oscuridad tiene un propósito. Que algo dentro de nosotros quiere desarrollarse, aunque bien a bien no sabemos qué es. Quiero pensar que esta oscuridad es la de una matriz en donde una mejor persona va a renacer.

De vez en cuando, otras frases me bombardean también el pensamiento y me aportan algunos segundos de lucidez, provenientes de lo que he estudiado a lo largo de los años. Cuando aparecen me recuerdan que "todos los problemas vienen de la mente", "cada cual es responsable del mundo que experimenta", "la vida no termina, sólo se transforma y es eterna". Sin embargo, la realidad duele y duele mucho.

Estos últimos conceptos, corren a la par de los primeros y crean una guerra interna para ver cuáles vencen. Con ello me doy cuenta de que dicho comba-te de emociones puede ser destilado en dos grandes sentimientos: miedo y amor. Si bien la agitación que provoca cada uno es similar, recuerdo que el miedo es la expectativa del mal, mientras que el amor es la expectativa del bien. Que el primero es un callejón sin salida que nos lleva a sufrir, y el segundo, el camino que nos lleva a la gratitud y el gozo.

"No vuelvas dolor lo que fue amor, sería desleal y poco amoroso", me dijo un compañero de estudio, ¡cuánta razón tiene!

Ahora trato de convertir esa frase en un man-tra, en especial, cuando el extrañamiento se vuelve insoportable.

"No vuelvas dolor lo que fue amor".

Una experiencia de pérdida nos vuelve más cons-cientes de nuestra mortalidad. Pero es también una oportunidad para el crecimiento espiritual. Al mismo tiempo, compruebo que basta un segundo para ir de un pensamiento a otro, ese poder tenemos y nos da como consecuencia otra perspectiva de la vida.

El caos no garantiza un despertar o una profundi-zación, eso depende de cada persona, he ahí el libre albedrío. Lo cierto es que nada dura mucho tiempo. Para bien o para mal, todo está sujeto a la *imperma-nencia* y a nuestra actitud.

Mi primera cita

Sabía que esa primera vez me costaría trabajo. A cinco meses de tu partida, llegué al hotel por la mañana, me registré en la recepción y me dirigí al cuarto que me asignaron. Al cerrar la puerta sentí un enorme vacío. Había convivido con mi hija y nieta durante 13 días en los que, como en una fantasía, olvidé mi realidad. Sin embargo, el sueño llegó a su fin.

Por vez primera viajaba sola. Si bien, por trabajo lo hice muchas veces dentro de la República Mexicana, esa ocasión fue distinta. Llegué a la ciudad que nos recibió a ti y a mí en nuestra luna de miel, 50 años atrás; así como en otras tantas celebraciones: cada vez que había algo importante repetíamos la experiencia.

Por ello en cada rincón te encontré, conocías a la perfección la historia de Napoleón, sus dotes de militar y estadista, también lo admiraste como urbanista. No había una visita a la ciudad de París sin que me hicieras ver los ejes, remates, trazos y monumentos creados por él en la gran ciudad.

Afortunadamente, reservé una comida para una hora después de mi llegada, era en uno de los pequeños restaurantes que a ti más te gustaban y quedaba a sólo tres cuadras a pie. Así que me recompuse, desempaqué algo y me arreglé para enfrentar la primera comida sola de mi vida. Parece algo tonto, pero dadas las circunstancias, en el momento no me lo pareció.

Al arreglarme, me di cuenta de que lo hacía con esmero, como si fuera a tener una cita con alguien. No sé por qué lo hice, quizá porque se trataba de la primera cita conmigo misma. Sentir el aire en la cara y ver los árboles centenarios del bosque me regresó al presente y me distrajo del temor, el gusto y la intimidación que me provocaba el encuentro.

"Una persona, a nombre de...", me escuché decirle al mesero, quien, agobiado por tener el lugar lleno, me llevó a mi mesa. El corazón se me contrajo al ver que era la misma mesita en la que tú y yo nos sentamos la última vez. Tomé mi lugar, con la silla vacía al frente, y me di cuenta de que, de nuevo, el primer impulso fue sacar el celular. Me rehusé a hacerlo por ser una salida fácil. Yo quería vivir la experiencia de manera plena.

"Viajar sola es un músculo", recordé lo que una amiga, viuda también, me había dicho. Iniciaba mi entrenamiento. Observé a las personas, a los dos meseros que atendían eficientemente el lugar. Saboreé con parsimonia hoja a hoja la alcachofa y la copa de vino tinto que pedí para comenzar. Percibí con detenimiento cada objeto de la mesa y cómo, al hacerlo, parecía que cobraban su sentido de ser: el florero, el pan, la servilleta, los cubiertos. "Las voces de lo cotidiano", como diría Virginia Woolf.

Me di cuenta también de que a nadie le importaba si estaba sola o acompañada. Cada comensal estaba imbuido en su conversación, en su mente, en la energía de su mesa y acompañantes. Parecía una escenografía con sus personajes. Lo único contra lo que tenía que luchar era con mi monólogo interno. Al contenerlo, me concentré en el momento presente y lo disfruté.

Me percaté de que, cuando vives desde el amor, los momentos del día poco a poco dejan de ser dolor. La unión con el ser querido supera su ausencia: siempre nos acompaña por dentro. Sin embargo, vi con nostalgia a las parejas en sus mesas. "Qué afortunados son —pensé—, ojalá lo aprecien".

Pedí la cuenta, pagué y salí del restaurante, no sin la satisfacción de librar esa primera vez, entre muchas otras que me quedan por experimentar. Me percaté de lo importante y necesario que es hacer esos pequeños actos de amor por uno mismo, tal y como los harías con el ser amado.

Gentileza

Aprendí que, en esta nueva etapa de la vida, lo que el cuerpo, el alma y la mente piden a gritos es *gentileza*. Gentileza para dejar ir y volver a empezar una y mil veces, sin juicios, sin culpa, ¡está bien!, en eso consiste la experiencia y la sabiduría. Para soltar ese "hubiera hecho esto o lo otro", y abrazar la vida tal y como hoy se presenta.

Gentileza con los demás y contigo, en todo momento, sin excepción, incluido el planeta. ¿No es acaso el mejor regalo que podemos dar y darnos? Eso es lo que necesitamos. Quizás esta afirmación no es más que una proyección personal, puede ser, mas lo dudo. Lo que es seguro es que sobrevivir no es vivir. Ya habrá tiempo para retomar bríos, no necesariamente sabemos cuándo.

Gentileza para sentarte a respirar, a reverenciar la vida en todas sus formas, a escuchar el viento, ser más radical en la congruencia, más humilde, a estar más en contacto con la naturaleza, a amarte más. Para abrir el corazón a quien eres ahora y no a quien quisieras ser. Decirle no a forzar al cuerpo con el trabajo y la comida perfecta en la lucha por transformarte en una especie de santo y permitir ser a quien está en nosotros y que es lo único que en verdad eres aquí y ahora.

Gentileza para intentar ser mejor persona y fallar una y otra vez, así como para vivir los gozos y enfrentar los retos que esta nueva vida nos dará. Tratar simplemente de ser amable, considerado, comprensivo, empático con todos y en especial con uno mismo. Es importante.

Tu mirada

El duelo, como lo mencioné: no es interminable. Y se puede volver un camino de amor y de gratitud constante por lo vivido.

A tu muerte, me di cuenta de que ante tu mirada siempre me sentí joven, empoderada, podía hacer cualquier cosa, pero, sobre todo, me sentí amada.

En mi familia nunca fuimos de rancho ni de caballos. De niños, los únicos caballos que montamos
—y sólo de vez en cuando— fueron los de Chapultepec, de igual manera sucedió en tu familia. Alguna
vez, cuando eras niño, montaste en el rancho de un
amigo, lo que hizo que te enamoraras de estos animales. Y un día de reyes magos, les pediste, a uno el
caballo, al otro la comida y, al tercero, la casita para
que durmiera.

La decepción por no recibir los regalos fue total.
Enterraste ese deseo de la infancia durante muchos
años. A tus 55 años, nos hicimos de esa vieja casona
con caballerizas que permanecieron vacías durante
algunos años. Hasta que un día, Toño, nuestro yerno,
te regaló un caballo que ya no le era útil a su hermano rejoneador. Se llamaba "Morucho", una mezcla de
chita, por su velocidad, con osito de peluche, por su
docilidad. En el momento en que lo montaste, la vida
te cambió. Se volvieron uno. Te apasionaste.

Cuando por primera vez y por invitación de un grupo
de amigos amantes del caballo, saliste con Morucho a
una cabalgata de tres días, regresaste con una sonrisa y un halo de felicidad que nunca te había visto.
Hablabas y hablabas de tu experiencia, con la emoción de un niño. Al ver la pasión naciente por salir al
campo los fines de semana, montado en tu caballo
—nada te relajaba más—, comencé a vislumbrar mi
futuro en soledad.

Al ver tu entusiasmo por los caballos, a los 50 años me metí a clases de equitación durante seis meses, para aprender a montar y acompañarte. En la segunda lección me caí y aprendí que una regla de este deporte es sobarte el golpe y treparte de nuevo. ¿Igual así que en la vida? Durante 19 años disfrutamos juntos de esta actividad.

"¿Vienes a la cabalgata del sábado?", me preguntó Eta, mi amiga, a siete meses de tu partida. "Es la cabalgata que cada año se organiza con motivo de la Navidad. Desayunamos en un rancho en el Estado de México y después de cuatro o cinco horas, llegamos a comer a otro rancho", me dijo.

¡Caído!

En ese momento me di cuenta de que nunca monté por gusto propio. La única razón por la que montaba era para recibir tu mirada. Quería acompañarte, disfrutar contigo lo que más gozabas hacer, compartir la belleza y tener un interés más en común. Sabía también que, ante tu mirada, crecía. A través de ella me hice mujer. En las cabalgatas, con otros 70 o 100 caballos, me sentía que era buena jinete, valiente y protegida. Sabía que te gustaba verme galopar independiente y en compañía de las otras mujeres, llevando la delantera. Tú atrás, a paso firme, cabalgabas tranquilo, seguro y siempre pendiente de mí, lo que me daba una seguridad total. En una ocasión en la que me caí, la caravana se detuvo. "¡Caído!", se fue corriendo la voz, para que los de atrás redujeran la velocidad. Me encontraba a unos 800 metros de distancia de ti. "De inmediato supe que eras tú", me dijiste cuando estuviste a mi lado. Así estábamos conectados. Al verte, me relajé y exhalé.

En esa ocasión lo haría como un ritual, echaría de menos tu mirada en mi espalda que me vigila como un ángel.

La idea de revivir el pasado me resultaba dolorosa. Hacía tiempo que, por la pandemia y por los dos años en los que estuvimos entre hospitales, no montaba un caballo. Periodo durante el cual, la Huaracha, la yegua fiel que por años monté, fue regalada por viejita. Así que tampoco tendría la tranquilidad de lo familiar. Al mismo tiempo, probarme y tener el gusto por estar entre amigos, en el bosque, para disfrutar lo que tú más amabas, me tiraba de la camisa.

Llegué temprano al rancho desde donde saldríamos. Traía el temor de subirme a un caballo a unos meses de mi operación de cadera. Me encontré con Israel, quien me llevaba un caballo que me pareció conocido:

—¿Cómo se llama? —le pregunté.

—Épsilon —me respondió.

—¿Que no es aquel en el que me caí antes de la pandemia, la única vez que lo monté?

—Sí, éste es, señora —me contestó.

—Ah, caray —expresé, viendo al caballerango, quien no parpadeó. No había de otra. La vida me presentaba la oportunidad de rechazar al caballo o de reivindicarme con él y la experiencia. Finalmente, la torpeza fue mía, no del caballo.

Así que lo acaricié, le hablé con tranquilidad, al mismo tiempo que trataba de calmarme, sabiendo lo sensibles que son los caballos a nuestras emociones. Recorrí cada parte de su cuerpo con las manos, vientre, patas, lomo, cuello, hasta las orejas, como nos enseñó alguna vez un profesor. "Nunca te subas a un caballo sin que primero se haya familiarizado contigo", nos dijo.

Nos reunimos jinetes y sus caballos en el punto de salida; con mariposas en el estómago, en compañía de Eta, iniciamos la cabalgata. Llegamos al bosque más hermoso, cruzado por un río de buen caudal. El sonido del agua, lo variado de los tonos verdes, la altura centenaria de los árboles, el aire fresco y la cadencia de los pasos del caballo a un ritmo sincrónico: plic, plac, plic, plac, nos llevó al silencio y a la reflexión. "Sin duda, Dios vive aquí", pensé. "Mira qué divino bosque, gordo", te comentaba en mi interior, sabiendo que también tú lo disfrutabas. Juntos entramos en armonía con la existencia.

Imaginé tu mirada, a tus 74 años te volvías un niño. En ese instante, cerrabas los ojos porque acababas de pedirle a los Reyes Magos la comida, la casa y el caballo. Fui para hacerte un homenaje por tantos recorridos a caballo que juntos disfrutamos. A través de mi mirada, tú disfrutabas por igual.

Al término de la cabalgata y la comida, **regresamos** a casa de Eta, cansadas, pero con una enorme sonrisa y gratitud. Dios no sólo vive en el bosque, sino en el corazón de los amigos que te dan la mano cuando la necesitas.

La realidad, gordito, es que estoy aprendiendo a ser sin ti.

Es parte de la vida

Hay momentos en que una epifanía, una revelación, no pide permiso: llega.

El día de su boda, el novio entró al templo tomado de la mano de su papá. Era la primera vez que yo asistía a una ceremonia de la comunidad judía y no sabía qué esperar. Fue un suceso de sorpresas inesperadas. La escena salía de lo convencional. Sin embargo, conmovía saber que Sara, la mamá del novio, había fallecido meses atrás. Estoy segura de que ella estuvo ahí.

En el momento en que la novia desfiló por el pasillo acompañada de sus papás, la energía del templo cambió. El intercambio de miradas de amor entre los novios, así como el de sus padres, inundó el recinto por completo y nos contagió a todos los presentes. El amor literalmente se materializaba. He asistido a muchas bodas, he visto a muchos novios amorosos, pero la inocencia, la ilusión, la autenticidad de esta pareja, nos envolvió a todos.

La ceremonia terminó llena de ritos y tradiciones para después pasar a la fiesta. El momento del baile de la pareja y de los novios con sus papás resultó ser muy diferente a lo acostumbrado: el novio bailó con su papá. Con la canción de "Señora, señora", con Denise de Kalafe, de fondo: "A ti que me diste tu vida, tu amor y tu espacio...", padre e hijo se abrazaron, lloraron y nos hicieron llorar a todos.

Me encantó que ellos se dejaron llevar por lo que sentían. Se permitieron esa libertad para expresar algo tan natural como el amor y la solidaridad entre padre e hijo, en una ocasión tan trascendente. ¿En qué momento un machismo ridículo se filtró en las mentes para tachar una escena así, como imposible? ¡Cuán necesario es romper esos roles arcaicos y abrirnos a los sentimientos que por siglos han pedido libertad para expresarse!

A los dos minutos, la canción se cortó a la mitad para dar paso a otra con ritmo de festejo y celebración. En ese instante, padre e hijo se separaron y todo cambió. Me llamó la atención la felicidad plena de su rostro, así como en la de los familiares que se unieron para acompañarlos en la pista. Todos en círculo y entrelazados, brincaban para celebrar el amor y la nueva vida que ahí comenzaba.

Me capturó que la actitud del papá y del novio, no era fachada —eso de inmediato se nota y se siente—, el gozo venía del corazón, como si nunca hubieran padecido una pena. Qué lección. La escena se congeló en mi mente. "Esa es la vida", pensé. El amor y el dolor son caras de la misma moneda. Nos corresponde, si queremos ser felices, aprender a vivir la tristeza y el gozo al mismo tiempo, con la misma intensidad.

Esa expresión de los novios y sus papás durante el baile impregnó de magia algo tan normal, conocido o carente de autenticidad —como me ha tocado ver en muchas bodas— al darle importancia a la forma y no al fondo. Este momento es como el rezo: las palabras siempre están ahí, repetidas de manera mecánica no significan nada, es lo que les imbuimos al pronunciarlas lo que crea el hechizo.

En fin, la fiesta fue un regalo a los invitados sobre lo que significa el amor, la actitud, la unión familiar; que ante momentos de tristeza y de felicidad, te regresa al presente, a ese lugar puro donde el tiempo se borra y la sabiduría se encuentra al apreciarlo y atesorarlo.

Vivir y morir, amar y perder es lo que toca. Es parte de la vida.

18

Lo que aprendí...

Debe ser una gran desilusión para Dios si no nos deslumbramos al menos diez veces al día.

Mary Oliver

Tarde o temprano a todos nos llega el momento de cuidar a un ser querido, ya sea por edad, enfermedad o alguna otra razón. Si bien, para quien brinda los cuidados, estos implican poner en pausa los proyectos personales y proporcionar un espectro de ayuda que incluye desde tiempo, energía, apoyo emocional y físico, hasta servicio en tareas cotidianas, como la higiene personal; para quien los recibe significan todo. Son, simplemente maneras de darle a tu ser amado, la mejor medicina del mundo: sentirse querido.

Como cuidador es muy satisfactorio saber que te entregas con todo el amor posible. Sin embargo, ¡física y emocionalmente es agotador! Al grado en que puedes perderte. A veces, el cuidador puede enfocarse tanto en las necesidades del otro, que olvida lo más importante: cuidarse a sí mismo. Es tal su entrega, que puede llegar a sentirse culpable, aislado o resentido; también puede mostrar síntomas físicos por el estrés que la situación implica, como irritabilidad, insomnio, fatiga, dolores de cabeza, dolores musculares y depresión. A este cúmulo de manifestaciones se le conoce como "agotamiento del cuidador". Para evitarlo, necesitas tener espacios para recargar fuerzas, mantener la estabilidad y energía.

Además, cuando nuestro ser querido se encuentra en el hospital —y por tiempo prolongado—, lo repito, y lo sabemos quienes lo hemos vivido: es agotador. Simplemente estar sentado en una salita de espera "sin hacer nada" durante horas, o andar y desandar el pasillo en donde a todas horas es de día, drena por completo la energía. Es por lo que a continuación comparto lo que en situaciones así, aprendí que aminora el estrés y el cansancio.

Hay varios aspectos que no se pueden soslayar y deben ser tu prioridad si un día pasas por esta situación:

- **Muévete.** Hacer ejercicio, aunque sea salir a caminar un rato a la calle, es vital. Para mí ha significado, hasta la fecha, mi gran terapia, me he aferrado a ella como a un salvavidas en medio del océano. Es muy importante moverte para liberar la energía negativa que es fácil acumular. Es un tiempo que te das para respirar otro aire, ver el cielo, escuchar música, un *podcast* o no hacer nada. Además, por las noches, el ejercicio te ayuda a conciliar mejor el sueño y eleva tu ánimo. Si tienes un parque cerca o la facilidad de ir al campo, aprovéchalo, sal, hazlo. La naturaleza tiene un gran poder sanador. Simplemente con sentirla, respirarla, verla. De no ser así, la cuadra de tu casa basta. Voltea a ver el cielo, te regala siempre la posibilidad de exhalar en medio de la crisis.

Como mencioné, dado el aumento de casos de covid en esa ciudad invernal de Minnesota, se cerraron los lugares públicos como restaurantes, gimnasios y demás. A pesar de que el invierno se expresaba cada día más crudo, con ventarrones, nevadas, neblinas y un frío que calaba, a veces con temperaturas de hasta -16° C, la única forma de liberar la energía angustiante acumulada en el cuerpo era salir a caminar. Caminábamos con paso apretado para cansarnos, para sacar los demonios. En ocasiones iba sola y en otras acompañada por alguno de nuestros hijos. Nos aventurábamos enfundados en chamarrones, con gorro, guantes, bufanda, calcetines gruesos, botas y, por supuesto, tapabocas. ¡Cuánto bien nos hacía!

Como Pablo solía caer dormido a media mañana o a media tarde, y uno de mis hijos o de sus hermanas lo acompañaban, yo aprovechaba para salir a andar en bicicleta al pequeño bosque cercano o a dar una caminata. Cuando recién empezaba a pedalear o caminar, me dolían los músculos, la espalda, y me rodeaban ideas negativas; contra las cuales conforme yo ganaba velocidad, ellas se apagaban y se quedaban atrás.

De pronto, de pedaleo en pedaleo, alcanzaba una sensación de bienestar que, en realidad, nada tenía que ver con nuestra situación. Era mí bienestar y lo necesitaba para que, al regresar con Pablo, lo pudiera acompañar mejor.

Me aferré a buscar un tiempo para mí. De extraña manera, me infundía valor, ánimo, optimismo. No lo cuestionaba. Lo abrazaba. Era un regalo de mí para mí que conseguía gracias a mi cuerpo en movimiento y al recreo que le daba a mi mente.

- **Duerme, duerme.** Otra prioridad es dormir, por lo menos las ocho horas requeridas para mantener el balance al día siguiente. No, no es fácil, dado al estrés que una situación de enfermedad provoca. Sin embargo, hay que buscar la forma de relajarnos. En mi caso, procuraba darme un baño de tina por las noches antes de dormir, de algo servía. Hacía mis respiraciones, intentaba meditar, lo que no siempre logré. Debido a la ansiedad, también tuve que aumentar mi dosis de melatonina y tomar magnesio, que relaja los músculos, así como toda clase de gotas de hierbas para tranquilizarme, para descansar lo mejor posible. Incluso, con frecuencia a medianoche me despertaba y era necesario repetir las gotas para relajarme, aunque no siempre lograban su cometido.

- **Aliméntate bien.** Sé que lo sabes, querido lector, lectora. Mas no puedo dejar de mencionarlo. Es prioridad cuidar tu salud, y ésta es una de las mejores formas. Sin entrar en detalles —aquí no es el tema—, procura ingerir muchas verduras y frutas fresca, proteínas y carbohidratos de calidad, hidratarte muy bien. Evita la comida chatarra, los refrescos y los azúcares, lo más que puedas. Por experiencia puedo afirmar que como necesitamos sentir algún consuelo a través de darnos gusto en la comida, en especial con todo lo que sea dulce, basta que te lleves a la boca la primera probada para que el cerebro te pida, cual adicto, más y más. Así comienza el círculo vicioso.

- **Hazte de un terapeuta.** Si no hubiera sido por mi terapeuta, no sé si hubiera sobrevivido.

—¿A cuánto amanecimos hoy, gorda? —le pregunté a mi hija Paola esa mañana.

—A menos uno, mamá —me contestó.

—Ay, ¡qué rico! —le contesté. Jamás imaginé escucharme decir esas palabras. Significaba que podríamos salir a caminar a lo largo del río que cruza la metrópoli.

Habíamos experimentado hacía pocos días que hasta -5° C era soportable salir a caminar enérgicamente. Eso si no hacía viento, lo cual es muy común en esa zona.

La ciudad de Rochester es la Clínica Mayo con muchos edificios del mismo hospital, con una calle principal sin la menor gracia, como me lo advirtieron. Pero en esa localidad plana tuve la enorme suerte de encontrar a mi terapeuta: el río. Un terapeuta que no sólo me hacía olvidarme de la angustia y vivir la experiencia hasta que los temores se disolvían. También me consolaba, me conectaba conmigo, me hacía ver la belleza, me daba paz y me ponía en contacto con Dios para agradecerle estar en ese lugar y en esas condiciones. Me enseñó que, a pesar de la oscuridad del exterior, es posible sentir lo más parecido a la tranquilidad.

- **Haz lo que te gusta.** El amor que sentimos por una persona nos ciega para ver que es imposible tener el control de lo que no podemos cambiar. Significa buscar pequeños placeres en el día, cualquier actividad que te proporcione armonía interior. Eso te da energía para seguir.

Mi mamá fue un ejemplo de ello. A mi padre le dio la enfermedad de Parkinson durante los últimos 26 años de su vida. Cuando la enfermedad estaba muy avanzada, ella, al darse cuenta de que no podría salir a tomar sus clases de pintura —lo que más le gustaba—, se dedicó a pintar dentro de su casa. Pintó y pintó muchos cuadros, como parte de su terapia al mismo tiempo que acompañó a mi papá durante esa etapa difícil, siempre. Actitud que todos sus hijos, admiramos toda la vida.

- **Monitorea tu salud.** Con una especie de pensamiento mágico, creemos que nuestro cuerpo vivirá saludable eternamente. Pensamos que seremos jóvenes y fuertes siempre. Ignoramos que, de manera irremediable, todos estamos contagiados de un virus letal que se llama "tiempo" y el estrés acelera cualquier proceso de deterioro.

  A pesar del cuidado que tengas que dar a tu ser querido, trata de darle seguimiento a tus citas y revisiones anuales como las que tienes con el dentista, el oculista, el ginecólogo, el proctólogo, el cardiólogo, realiza tus análisis y demás. No las dejes. Si decimos que la salud es nuestro bien más preciado, llama la atención cuánta importancia le brindamos al mantenimiento de un auto, una moto, un aparato o una máquina de trabajo, más que a nuestro organismo. Ya con un enfermo o persona mayor a la que hay que cuidar en la familia, es suficiente.

- **¡Necesito ayuda!** Decir: "Necesito ayuda" a un hijo, a una hija, a tus hermanos o cuñados, la primera vez puede ser difícil. En especial, si eres de las personas que, como tu servidora, se cree autosuficiente. La verdad es que estamos muy vulnerables y necesitamos apoyo. Incluso tu gente querida se sorprende gratamente, porque al ayudarte de algún modo se sienten útiles. Hay que verbalizar el tipo de ayuda que requerimos, por ejemplo: "Necesito que me ayudes con… o necesito comprar… o necesito tomar una siesta"; cuánto lo agradeces.

  Igual de importante es tener compasión hacia ti, sin que esto signifique tomar el papel de víctima, para nada.

  Si consideras oportuno, busca una terapia de apoyo psicológico. En mi caso, cuando logré aceptar que Pablo tenía una enfermedad terminal, acudí a una tanatóloga —que ya he mencionado—, quien me ayudó mucho a comprender mis propios estados de ánimo como lo que Pablo estaría pasando en ese proceso. Cuánto agradezco haber tenido su ayuda.

- **Delega.** Cuando estamos al frente del cuidado de un ser querido, podemos sentir la obligación de cargar con todo el peso. Incluso podemos sentirnos culpables de pedir apoyo a alguien o de dejar a nuestro ser querido en otras manos, aunque sea por un rato. Sin embargo, si nuestro deseo es darle lo mejor de nosotros, sólo será posible si nos cuidamos. Delega, pide ayuda, no intentes hacerlo todo tú, es imposible.

- **Monitorea tus pensamientos.** Es muy fácil que ellos se apoderen de ti. Considero prioridad en los momentos de crisis ser consciente de los pensamientos que amenazan inundarte con ansiedad. Evita pensar en el futuro o añorar el cómo era tu pasado, procura vivir en el momento presente. Punto. ¿Cómo darte cuenta de que la mente se apoderó de ti? Te vas a la tristeza, a la melancolía, a la depresión, momentos como estos sólo empeoran las cosas. Procura cambiar un pensamiento negativo, por otro del tipo: "¿Qué tengo que agradecer en este momento?" Siempre hay motivos para hacerlo. Piensa: "El amor de Dios es lo que me sostiene. Pon toda tu fe en su amor dentro de ti; eterno, permanente y por siempre infalible. Esta es la respuesta a cualquier cosa que hoy te confronte", como dice *Un curso de milagros*. No lo sueltes.

- **Agradece.** "Ahorita, ¿qué tengo que agradecer?" Sí, repítelo, una y otra vez a lo largo del día. "En este momento todo está bien y estará bien", es el mantra del cual no hay que salirse. Hay que confiar en que lo que suceda en el futuro, seguro vendrá acompañado de la fortaleza necesaria para solucionarlo. Dios, la vida, el universo, no nos abandona. Te puedo decir que cuando requerimos de fortaleza, siempre llega de algún lado.

- **Sé resiliente.** Sólo los peces muertos nadan con la corriente. Hay etapas en que nos toca nadar a contracorriente, como lo hacen los animales que superan todo tipo de obstáculos para sobrevivir y asegurar la supervivencia de su especie. Los salmones, las rayas, las anguilas, las medusas se convierten en estos momentos en grandes maestros. Su fortaleza y osadía me parecen inspiradoras, se necesita humildad para aprender de ellos, en especial en los momentos de crisis.

Hoy se nos exige precisamente eso: ser resilientes. Tener la capacidad de prepararnos, adaptarnos y recuperarnos de la situación de estrés más alta que existe. Lo interesante es que los seres humanos tenemos esta facultad por naturaleza, sin embargo, si no se trabaja y no se desarrolla se pierde o debilita.

Imagina que la existencia entera consistiera en una serie de días sin problemas, pronto te aburrirías, ¡qué ironía! Es por lo anterior que quizá debes agradecer las situaciones que se te presentan, para crecer y ser más tenaz. Si todo en este mundo fuera suave y mullido, no serías forjado, labrado o probado en el fuego de la vida, no aprenderías ni tendrías la oportunidad de crecer y ser mejor persona.

Los días se presentan difíciles en muchas áreas. No puedes ponerte de espaldas y dejarte llevar como pez muerto hasta que todo, por sí solo se resuelva; o nadas o te lleva la corriente, no hay de otra. Piensa que cada brazada, cada movimiento de una extremidad para salir adelante te da la oportunidad de ser valiente, estar más preparado y fornido. Tratemos de ver que los obstáculos son una oportunidad para crecer, cambiar de perspectiva y mejorar. Te aseguro que esta experiencia no nos hará más débiles, sino más fuertes, aunque en el momento no lo podamos ver.

Por último, no podemos discutir con la realidad, pues siempre saldremos perdiendo. Lo único que puedes hacer es aprender a reconocer y aceptar con humildad las lecciones que nos da y atreverte a nadar a contracorriente. La resiliencia se construye de esta manera. Es en el camino donde se aprende. Aceptar no es resignarse, es abrirte a las posibilidades. Y abrirte a las posibilidades es la manera más hábil de responderle a la adversidad.

Para concluir: date tiempo, exhala, vale la pena. En especial cuando se trata de tu pareja y de corazón vives el "hasta que la muerte nos separe". Cuidar a alguien puede ser uno de los regalos más grandes que podemos dar. Sin embargo, es un camino con muchas subidas y bajadas, curvas inesperadas, hoyos negros en el trayecto que se acompañan también con un arcoíris. ¿No es así la vida?

El dolor ¿tiene sentido?

Habrá pocas experiencias que posean tal poder de transformación. Sin embargo, esa transformación puede desorientarte enormemente. El dolor se percibe como si nunca tuviera fin. No tienes idea de tu futuro y de lo que sucederá. No puedes ver la luz al fondo del túnel.

Nuestro transcurrir se desenvuelve, precisamente, en un fluctuar entre la polaridad del orden y el caos. Queriendo o no, la impermanencia te envuelve y envuelve todo a nuestro alrededor. La muerte es uno de los extremos. Sin embargo, ¿quién no atraviesa un caos menor, no una, sino muchas veces en la vida? Es inevitable, al ser parte de un equilibrio superior. Su propósito, quiero pensar, es el de provocar nuestra evolución física, espiritual, mental o emocional. ¿Será que todas las especies requerimos de la crisis para crecer y ser mejores? Lo cierto es que en la comodidad nadie crece ni se supera. ¡Ah!, pero qué duro es. Y cada uno experimenta esa impermanencia de manera individual. Con el precipicio al frente, nos preguntamos: "Qué me quiere enseñar la vida?, ¿cómo puedo utilizar esta experiencia para mi desarrollo?"

Tal vez, el tránsito por esos momentos complicados sería más llevadero si, mientras sucede, comprendiéramos que, desde la óptica de la evolución, es un proceso natural, que, además, nos brinda la oportunidad de revisar el rumbo de nuestra vida, lo que queremos y lo que nos conviene. ¿Cómo atravesarlo? Sólo se puede hablar con certeza de lo que se ha vivido. Ojalá pudieras arrojar el dolor en una concha de mar, tan fuerte y tan lejos que no llegara a regresar jamás; como lo hicimos aquel día con la chamana en Cancún.

Ahora comprendo el inmenso dolor que miles de personas sufren con la enfermedad o con la ausencia de un esposo, una hija, una novia, un hermano, una mamá o un amigo. Y reconozco lo difícil que es encontrarle un sentido al sufrimiento, cuando te encuentras en medio de la aflicción.

Es un hecho que, ante una enfermedad terminal o una gran pérdida, te das cuenta, por contraste, de la cantidad de energía que día a día desperdicias cuando todo estaba bien al amargarte por pequeñeces o al imaginar escenas que no suceden. Además, puedo afirmar, por experiencia propia que cuando no pasas por el dolor, es más fácil ser egoísta. Sin embargo, también puedo corroborar que eres más fuerte de lo que crees y que puedes resistir más de lo que jamás supondrías. Como decía Eleanor Roosevelt: "La mujer es como una bolsita de té, nunca sabes lo fuerte que es hasta que la metes en agua caliente" y se podría sustituir el inicio de la frase con "los seres humanos". Cuánto me inspiran los padres que han perdido a un hijo o a sus seres queridos en situaciones absurdas, injustas o inesperadas. Verlos salir adelante y volver a sonreír, me comprueba esa fortaleza.

Si bien es cierto que el dolor es parte de la vida y que la única manera de no sufrir es no vivir, ¿qué hacemos con él para que se convierta en un sufrimiento significativo y no en un sufrimiento vacío? ¿Cómo transformar las experiencias dolorosas en crecimiento?

Al tocar este tema, es imprescindible traer a estas páginas a Viktor Frankl, padre de la logoterapia, cuya filosofía me ha ayudado a lo largo de la vida. A grandes rasgos, podría decir que se basa en las siguientes premisas: nadie desea sufrir, pero al estar en una circunstancia o ante algo que *no podemos cambiar,* entonces *somos nosotros quienes tenemos* que cambiar. Yo elijo mi actitud y es lo que me hace crecer.

Frankl clasifica el dolor como algo que puede vivirse de tres maneras:

- Dolor físico y orgánico (enfermedades).
- Dolor psíquico (sufrimiento).
- Dolor social (soledad).

Por otro lado, el dolor también puede ser, según la logoterapia, de dos tipos: *no necesario* y *necesario.*

El dolor no necesario, es algo que tratas de evitar. Es por eso que cuidas tu salud, haces ejercicio y demás. Sin embargo, en mi experiencia, también he encontrado que somos nosotros los principales causantes de él, por medio de nuestros pensamientos. Por ejemplo, cuando vives una pérdida importante es muy fácil caer en el papel de víctima, "pobre de mí, ¿por qué me pasa esto?", te dices. Repites incansablemente ésta y otras frases en las que al ego le gusta regodearse. Es por eso que debes traer tu mente al presente, sólo al presente. Ese dolor no es necesario.

El dolor necesario, dice Frankl, hay que vivirlo. Existe para ser vivido. Y lo único que te saca de la oscuridad en que te sume, lo único con lo que puedes trascenderlo, es al encontrarle un sentido.

Cada instante decides tu existencia: qué comer, qué hacer, qué decir, a quién amar, por quién sufrir y cómo vivir. A esto, Viktor Frankl le llama el sentido del momento.

No es lo mismo un tipo de dolor estéril y sin sentido, mismo que surge de la mente, que el duelo. El duelo, como lo mencioné, nos golpea sin piedad, por ejemplo, al escuchar una canción, al ver una foto, al recordar a un amigo que queremos y demás. Ese duelo viene del corazón. Hay mil detalles que repentinamente le abren la puerta de manera sorpresiva y te das cuenta de que las lágrimas se te escurren incluso frente a extraños. Este tipo de dolor hay que darle la bienvenida y honrarlo. Es la única manera en que se puede superar.

Este dolor necesario tiene una paradoja: cuando evitas sentirlo o buscas eliminarlo, te encierras en él; si no hablas de él y finges estar bien, si te distraes de forma constante o buscas fugarte de otras maneras, entonces se hace más grande. En cambio, cuando te abres a él, cuando lo enfrentas, cuando con resignación lo abrazas, el dolor parece entrar en reposo y volverse más amable.

Frankl tiene tres frases que te pueden ayudar a encontrar el sentido que requiere:

1. **"No es la carga la que nos vence, sino el modo en que la llevamos",** el dolor se puede soportar, mientras tenga un sentido. ¿Un sentido? Sí, el sufrimiento tiene que volverse digno, esto sucede al amar más, al amar mejor, al agradecer el tiempo que vivimos junto al ser amado.

2. **"El dolor contiene las semillas del crecimiento, porque nos obliga a sacar lo mejor de**

nosotros: **el amor a los demás, la compasión y la generosidad"**. El dolor facilita la generosidad y nos posibilita amar al otro.

3. **"Yo no actúo ante algo por ser lo que soy, sino que llego a ser lo que soy por cómo actúo ante las cosas"**. Es decir, con dignidad, ante todo. Mientras no seas capaz de explicarte la muerte, lo único que puedes hacer es intentar ir más allá de la simple pregunta: "¿Por qué pasó?" Es mejor plantearte la disyuntiva: "¿Qué haré ahora que pasó?" Quizá la respuesta sea vivir cada momento en el presente y agradecer. O bien, a manera de Viktor Frankl: no le preguntes a la vida, respóndele.

Vivir es como esa pasta de dientes con dos colores a la vez, te enfrentas a lo que la vida trae, a lo que te gusta y a lo que no. Es tu privilegio elegir y responder con la actitud que decidas. Nos cuenta Frankl que, en la Segunda Guerra Mundial, los niños huérfanos dormían con un pan en la mano para asegurarse que comerían al día siguiente como lo habían hecho ese día. Muchos de esos niños sobrevivieron gracias a que otros prisioneros les dieron sus últimos pedazos de pan.

Nos dice Frankl: "Los que vivimos en los campos de concentración podemos recordar a los hombres que iban por las barracas reconfortando a los demás, regalando sus últimas migajas de pan. Tal vez fueron pocos en número, pero son suficiente prueba de que se le puede quitar todo a un hombre excepto una cosa: la última de sus libertades, elegir su actitud y su camino en cualquier circunstancia".

El verdadero alimento es el sentido que le das a la vida. Saber que lo tienes guardado en la mano eleva tu confianza, tu autoestima. Te hace sentir valioso.

Cuando tocas tu esencia, pides tener el auténtico pan, el que sí consuela, el que da alegría, el que se comparte cuando hay escasez del mismo.

Ese pan es la armonía en la familia, el amor y la paz social y de espíritu. Es verdad que la vida trae dolor, trae frustración, trae angustia. Sin embargo, se puede vivir mejor de lo que crees cuando le puedes dar un sentido a todo esto. Y la manera de encontrarlo es en el silencio. Regálate un rato todos los días. Es la mejor práctica espiritual. Cierra los ojos, inhala, exhala y crea una emoción de gratitud dentro de ti, sin razón alguna.

Entre las cosas de las que se sentía más orgulloso, estaba el haber encontrado sentido a tanto padecimiento, aunque nadie lo envidiara por eso. Gracias a sus palabras de aliento, a su capacidad de amar y a su deseo de vivir, muchos de sus compañeros prisioneros sobrevivieron a pesar de tocar los peores infiernos. Como él dice, logró tornar la derrota en victoria.

Cuando no sólo te alimentas del pan, sino éste le llega a otras personas a través de cariño, de atención, de alguna manera facilitas la supervivencia en los otros. Es entonces cuando fabricas tu misión y el sentido de lo que eres.

Cada instante se presenta como único e irrepetible en una decisión concreta que no volverá a presentarse jamás. De ahí que cada decisión que tomas va formando tu propia historia.

A pesar de lo perdido que te sientas, el reto es aceptar los cambios que se generan sin perder la cabeza y fluir. Con esta actitud, todo fluye.

¿Cómo ayudar a otros?

"No hay obstáculo mayor que imponerse el sobrevivir a sí mismo diariamente". En la vida experimentas acontecimientos que te cambian por completo y te hacen cruzar umbrales. Estos sucesos pueden equipararse con tornados que absorben los objetos a su paso y los arrojan totalmente transformados. No obedecen a una elección, suceden. A veces, implican pérdidas mayores, otras, cambios que sacuden y despiertan.

Si bien, algunas ocasiones uno de los "objetos" arrojados eres tú, otras te toca ser quien ayuda en la reconstrucción de alguien más. He encontrado que, en circunstancias como éstas, es común que no sepamos cómo ayudar: "¿Será prudente llamar o ir a verlo?, ¿qué le digo?, ¿cómo le apoyo?" Ante la pena de los demás, te sientes impotente, imprudente o torpe. Y, con frecuencia, nuestras mejores intenciones salen torcidas o son contrarias a lo que el otro desea.

Desde mi experiencia, puedo decir que cuando eres arrojado, sabes que necesitas ayuda, pero no cómo solicitarla, la realidad es que no tienes idea de qué es lo que quieres. Estás inmerso en tal corriente de emociones y cambios, que careces de un centro que te dé cordura. De manera extraña, esta desorientación se acompaña con una lupa que amplifica la sensibilidad hacia cualquier detalle que la gente tiene o no con nosotros, los cuales se agradecen en el alma o pueden herir enormemente.

Partamos de que el dolor proviene del alma y no es racional. Es el amor en su forma más cruda. Entonces, cuando uno no sabe qué quiere, ni cómo pedirlo y el otro no sabe cómo ni por dónde ayudar, solemos seguir el camino del silencio y la ausencia. Sobra decir que esa ruta no contribuye en nada a la relación y puede dañarla para siempre. Irónicamente, el que quiere ayudar se siente rechazado y el que necesita ayuda se siente olvidado.

Una vez que te has sentado hasta adelante, lo entiendes
Una vez mi padre tenía que asistir a un funeral y me dijo:

—No conozco a nadie de su familia.

—¿Entonces para qué vas, papá? —le pregunté.

—Para honrar y cerrar un círculo con mi amigo —nunca se me olvidó.

Lo recordé cuando me tocó asistir a la misa del esposo de una querida amiga:

Llegué media hora antes del comienzo de la ceremonia, en este caso una misa. Asistí a ella con el deseo de cerrar ese círculo de amistad, con un amigo, cuya foto y cenizas descansaban sobre una mesita con flores al pie del altar. Mientras la gente llegaba, yo pensaba: "Qué importante son estos rituales —sin importar su origen o motivo—, ya sean bodas, bautizos, bat mitzvá o velorios". Nos permiten estar con otras personas, acompañarnos y abrigarnos unos a otros para facilitarnos los procesos que los ritos de paso conllevan.

Vi cuando mi querida Pilar, esposa de mi amigo, y sus hijos descendían del coche y subían las escaleras del atrio de la iglesia para entrar y acomodarse en esa primera fila de los deudos, un lugar que nadie quiere ocupar por lo que significa estar ahí. Es muy doloroso y sabes que ese dolor será para siempre, mas no lo podemos evitar. Las personas, entre palabras y abrazos que intentaban dar consuelo, les impedían avanzar.

Pilar y sus hijos por fin lograron abrirse paso hasta llegar al frente. Formada en la fila para dar el pésame, con el alma contraída, alcanzaba a ver la cara de ella que sólo asentía con la cabeza, casi de manera automática cuando le decían algo. Conforme me acercaba, escuchaba una que otra frase que intentaba ser positiva: *Échale ganas, son los tiempos de Dios, ya está en un mejor lugar*, frases comunes con buena intención, pero que en ese momento podían sonar huecas.

Al llegar mi turno, con el deseo de aliviar un poco la pena a Pilar, hubiera querido que de mi boca saliera alguna frase sabia, pero no: salió otra tan sonada como las anteriores. ¡Qué torpe me sentí!

Cuando me encontré en esa primera fila de deudos y era la que recibía esos abrazos, me di cuenta de que no son las palabras las que importan, vaya, ni se escuchan. Lo que se percibe de manera clara es la energía y la intención con las que se transmiten o el abrazo sentido.

Es mucho mejor expresar con honestidad un: "No sé que decir" o "me siento muy torpe para expresarte lo que siento", "cuentas conmigo", "te quiero dar tu espacio, pero también mostrarte mi apoyo", o algo así.

Una vez que te sientas hasta adelante, lo entiendes. Nunca deseas estar ahí. Sin embargo, toca asirte de tu dignidad interior, inhalar profundo, pararte derechito, tomarte de las manos con tus seres más queridos y agradecer estar rodeado de tantos amigos y familia.

Nadie se recupera solo

Pienso que nadie se recupera solo de las pérdidas en general, con mayor razón de un ser querido. Quizá hay quien, con gran trabajo interior y conciencia del momento presente, sí lo logre. Es cierto que, una vez que te enfrentas a la realidad, lo primero que te rescata es la fuerza de la vida misma, su belleza y misterio que te grita: "Experimenta, arriésgate, goza, todo vale la pena". Sin embargo, a veces esa fuerza de la vida tarda meses en presentarse o bien, se presenta muy débil. Como ya lo he mencionado, cada persona vive el duelo de manera diferente y nos toca respetar. Es una realidad que algunas cosas no se pueden arreglar, y nos necesitamos para recordar que un día volveremos a ser felices... y tristes al mismo tiempo. Y es el amor de la familia y los amigos lo que nos abraza y da un sentido de pertenencia.

Quiero hacer énfasis en lo importante que es hacerte presente de cualquier modo y forma. El duelo cambia tus amistades. Es muy doloroso cuando amigos de "toda la vida" no se acercan de algún modo: una llamada, un mensaje, un detalle. Cuando han pasado muchos meses, y por casualidad los encuentras en algún lugar, las frases que de ellos escuchas suelen ser del tipo: "No quise molestar", "no he querido ser imprudente", "he pensado mucho en ti". La verdad es difícil creerlo. Y la prudencia en extremo, llega a ser imprudente.

Para muchas personas, encontrar un modo de mostrar apoyo les cuesta trabajo. Quizá para algunos se deba a que la pena de otro les recuerda su propia vulnerabilidad. Brené Brown, en sus investigaciones, afirma que un dolor intenso es un recordatorio de lo frágil que es nuestra vida. La evidencia de que alguien viva una pesadilla, es una prueba de que podemos ser los siguientes. Y eso es muy incómodo e insoportable para muchos.

También es cierto que hasta que no vives una circunstancia así, no entiendes por lo que se pasa. Por otro lado, es innegable que también hay distintas formas de ser y de pensar. Sin embargo, como lo expresé: nadie se recupera solo. Sí, es una realidad que necesitas el apoyo de amigos, en especial los de "toda la vida"; necesitas su cariño, su llamada, su abrazo, su mensaje; quizá unas flores, un panqué o una tarjeta cariñosa, lo que sea. Cuando la vida se evapora, los necesitas más que nunca. Y sí, es a través de su mirada, su hombro que sostiene y su compañía, mejor aún.

Lo que se agradece...

Acepta todo. Cualquier cosa que el presente te ofrezca, acéptalo como si tú lo hubieras elegido.
Trabaja con lo que tengas, no en su contra.

Eckhart Tolle

Es un hecho que nuestra cultura no nos enseña a prestar consuelo en circunstancias como las que describo. Sin pretender ofrecer un manual de comportamiento, quiero compartir algunas acciones que en mi proceso aprendí, con las que puedes hacer sentir al otro el apoyo que necesita y deseas darle.

- Lo primero que agradecí es, que para la misa que se ofreció con las cenizas de Pablo, mis hijos y cuñadas se encargaron de todo: reservar la iglesia, buscar a un sacerdote, contratar las flores, el coro de la iglesia, imprimir su foto para colocarla junto a sus cenizas sobre una mesita frente al altar; mis nietos escribieron cartitas que leyeron al final de la celebración, lo que nos conmovió a todos. La verdad es que no tienes cabeza para ningún tipo de organización y la ayuda de los cercanos es vital.

- Cuánto agradeces un mensaje, como algunos que recibí que decían: "Quiero decirte que te acompaño, te pienso y aquí estoy para lo que necesites. No es necesario que me contestes. Un abrazo con cariño". En lugar de un mensaje que diga: "Hola, ¿cómo estás?" Además de que exige una respuesta, cuando no tienes el ánimo para darla, ¡es imposible contestar esa pregunta! Sin embargo, se aprecia.

- Asimismo, cuánto agradeces cuando antes de recibir una llamada te preguntan por mensaje si puedes tomarla. Durante los días críticos, las llamadas sorpresa a cualquier hora, suelen entrar en momentos que no son oportunos, en especial si se está en el hospital.

- Lo que más se necesita es sentir que el otro valida y reconoce tu pena, así como sentirte escuchado. La gente quiere que te sientas mejor. Así, un error que con frecuencia cometemos es tratar de dar consuelo al compartir al doliente una experiencia propia de pérdida o la de algún conocido que vivió un caso más dramático. "A mi amiga le pasó tal o cual cosa tremenda", nos dicen con la mejor intención. No es así. Al quitarle el reflector al doliente, borramos su realidad, que es lo que menos desea. La comparación no funciona, el que otros experimenten dolor tampoco es medicina para nadie. Sólo escucha y valida.

- Otra cosa que he aprendido es que la pérdida no es algo de lo que te pueden o tienen que salvar. No hay manera. Para salir de ella, cada persona tiene que experimentarla, honrarla y aceptarla. Lo que sí puedes hacer es acompañar y aligerar el momento con cosas prácticas, del día a día. Por ejemplo: En lugar de decir: "Llámame cuando me necesites", lo que es muy poco probable que suceda, es mejor anticiparse y ofrecer, por ejemplo: "Yo te traigo mañana la comida", "yo voy al súper y te compro lo que necesites", "yo me encargo de pasear a tu perro", "te invito un café".

- Cuando no sepas qué decir, es mejor dar un abrazo sentido y guardar silencio. Los nervios te hacen decir cosas inapropiadas, como "felicidades", como a una amiga le pasó. De la misma manera, las frases como: "El dolor nos hace crecer", "somos tan pequeños como nuestra dicha y tan grandes como nuestro dolor" o "con el tiempo esto te convertirá en una mejor persona", de momento suenan huecas, aun cuando sean dichas con las mejores intenciones.

- Las interacciones sociales que antes disfrutabas ahora son agotadoras. En especial los primeros meses. Por eso muchas veces te retraes de invitaciones, planes, encuentros. Aun las personas extrovertidas como yo, anhelamos estar a solas y en silencio. Y al mismo tiempo, sentir que tenemos cerca a la gente y amigos que queremos. Suena contradictorio, pero así ocurre durante el duelo.

- Una vez pasada la primera etapa del duelo, que identificas cuando podemos hablar de nuestro ser querido que partió, desde la serenidad de una aceptación, la mayoría de las personas agradece que la inviten a cosas simples, como caminar o pasar un rato con amigos. En esos momentos, escucha a la persona, permite que hable del ser querido que perdió, de las experiencias compartidas y de sus cualidades, o de lo que quiere y le interese hablar. Por eso los amigos y su compañía se convierten en la mejor terapia. Me ha sucedido que, durante las primeras semanas o meses, las personas evitan hablar de la persona que falleció enfrente del doliente, con la idea de "no recordarle algo triste", cuando la verdad es que es de lo *único* que esa persona desea hablar.

- **Sólo escucha y mantente presente.** A la gente, por alguna razón, nos gusta dar consejos y la verdad es que, en esos momentos de dolor, no los quieres escuchar. Me gusta cómo Parker Palmer, autor y profesor, escribe acerca de esto en *The Gift of Presence, the Perils of Advice*, que se traduce como: *El regalo de estar presentes, los peligros de aconsejar:* "El alma humana no desea que la aconsejen, la arreglen o la salven. Simplemente quiere que la observes, la veas, la escuches y la acompañes, así como es. Cuando hacemos esa clase de reverencia profunda al alma de una persona que sufre, nuestro respeto refuerza los recursos del alma para sanar, los únicos recursos que pueden ayudar para que el sufriente lo supere". Es para nunca olvidarlo y se aplica en todos los casos en que una persona sufre.

- **El duelo afecta todo:** el apetito, la digestión, la presión arterial, la respiración, el ritmo cardiaco, la fatiga muscular, la memoria, el sueño, la energía, el estado de ánimo, todo. Perder a un ser querido cambia todo. La compasión y el tiempo es lo único que ayuda a superarlo.

- **La familia.** La contención que ésta te da es como un esqueleto exógeno que te sostiene, al igual que lo hace el de las langostas. De sentirte un molusco sin forma, llega la familia y te arma una estructura que te sostiene. "Lo más importante es la unión de la familia", "unidos somos invencibles", "un cerillo de madera lo rompes fácilmente, siete cerillos unidos, son imposibles de romper". Son frases que mi papá nos decía frecuentemente y repetía con cualquier pretexto. Mensaje que tatuó en los siete hermanos y procuramos transmitirlo a nuestros hijos.

- **Estar asegurados.** El tema de los seguros para nada es mi especialidad, no obstante, pude verificar la fortuna de que Pablo estuviera asegurado. Enfermarte de cáncer o de cualquier otra cosa, en nuestro país, cuesta literalmente una fortuna, para utilizar la misma palabra. A veces pensamos que son caros, pero comprobé que es más caro no estarlo. Nunca sabemos lo que el futuro nos depara.

- **Dejar orden.** Con el paso del tiempo, he comprobado que la concordia entre los hijos es en gran parte responsabilidad de nosotros, los papás. Hay que dejar por escrito un testamento, así como nuestros deseos. Todos conocemos historias de familias unidas que, por un tema de pesos y centavos, se separan para siempre. Historias dolorosas en las que el tiempo perdido no se recupera. Además del propio ejemplo de armonía, lo que marca dicha unión entre los hijos es dejar un testamento para que se reparta de forma igualitaria. Sabemos que nada separa más a los hermanos que la disparidad. Una familia de cinco hermanos, muy unida en vida de sus papás se dieron cuenta, cuando el papá falleció, que a cada uno les dejó de manera discrecional una herencia. A uno más que al otro, al otro casi nada, y a uno casi todo. La fórmula perfecta para que se pelearan y nunca más se volvieran a hablar. Es una tristeza, amén de una gran pérdida para todos. "No hay negocio que valga lo que un hermano", como dice Guayo, mi cuñado.

- **Voluntad anticipada.** Es importante dejar firmada una voluntad anticipada ante notario, en caso de desear que no nos prolonguen la vida de manera artificial. Supe de un caso en que el papá estuvo meses internado en el hospital en estado vegetativo y sin esperanza de recuperación. La esposa abogaba por dejar ir en paz a su esposo y desconectarlo de una vida artificial, en cambio la hija, quien se peleó con la mamá, lo sacó del hospital en que ya se había acordado hacerlo, para llevárselo a otro de menor costo y seguir con la vida artificial de su papá. Sólo le alargó el sufrimiento a todos. Tema que se hubieran ahorrado de haber tenido una voluntad anticipada del enfermo. Son papeles que creemos nunca necesitaremos hasta que llega el día.

- **Reflexiona en paz sobre lo sucedido.** Cualquier tipo de pérdida, lo que más reconforta al alma es sentirse querido y apoyado de cualquier modo. Sin embargo, si bien apreciamos lo anterior, también es cierto lo que Buda enunció hace siglos: "Nadie nos puede salvar excepto nosotros mismos. Nadie puede ni debe. Somos nosotros los que debemos recorrer el camino".

TERCERA PARTE:

La recuperación

19

La vida recomienza

**Tal vez nuestro mundo se vuelva
más amable con el tiempo.
Quizás el deseo de hacer algo hermoso
es la parte de Dios que está dentro de
cada uno de nosotros.**

Mary Oliver

En el momento en que escribo estas últimas páginas, ha pasado un año en que Pablo, el amor de mi vida, dejó su cuerpo. Durante estos meses he cumplido la promesa que le hice, escribir desde el corazón. He compartido mi pensar, mi sentir, mi experiencia a través del paso por el duelo, lo cual ha sido difícil, sanador y, ante todo, una gran terapia.

Ya experimenté esas "primeras veces" en todas las fechas importantes, nada fáciles como lo son: la Navidad, el año nuevo —donde hacíamos cola para recibir el abrazo de Pablo y sumergirnos en esos brazos que aseguraban que todo estaría bien—, su cumpleaños, nuestro aniversario, mi cumpleaños, las vacaciones en familia, graduaciones de universidad, prepa y primaria de mis nietos; fechas donde la presencia de Pablo era el eje de la familia. Todos paleamos su ausencia gracias a la compañía mutua de mis hijos, mis hermanos y cuñados, mi mamá y mis amigos. Benditos sean.

Lo que ahora te comparto, es lo que experimentas una vez que te descubres de verdad del otro lado. "Todo pasará", nos dicen. Y tambien: "No hay nada que no se vaya con el tiempo".

Es y no es verdad.

Me doy cuenta de que, superar la etapa más dolorosa del duelo, es apenas el principio, otro nuevo principio. Lo sé porque es en donde estoy ahora. Quizá me falte pasar más tiempo, circunstancias, momentos en que su ausencia me pese, estoy segura de que así será, incluso es posible que ese peso nunca se vaya y simplemente aprenda a vivir con él.

Entonces, la última parte de esto que jamás elegiría por voluntad, quedarme sola, hay que afrontarlo —ni hablar—, porque así es la vida, es descubrir, descubrirme, conocer y conocerme. Sí, como si la vida recomenzara. Como si volviera a nacer, pero ahora con la ventaja de contar con la experiencia acumulada, con el amor de Pablo en mi memoria, con el amor de mi familia que me respalda y la certeza de que cuento conmigo misma. Lo que ahora me propongo es vivir desde el corazón. Ser más auténtica, más entregada a mi familia y a mi trabajo que tanto me gusta. Agradezco el encontrar mi llamado hace muchos años, después de meses de insomnio y ansiedad en la búsqueda. Valió la pena escuchar lo que mi mente, cuerpo y corazón, gritaban.

En ese proceso pasé por varias desviaciones, ¿o fue un camino ya trazado? que de alguna manera me trajeron a donde me encuentro hoy y lo agradezco. Descubro que tener una pasión, en donde me siento útil, me da vida y aprendo, ha sido parte importante de mi recuperación. Por lo que te doy las gracias querido lector, lectora, porque sin ti, sin ustedes, mi trabajo no existiría y carecería de sentido.

Lo único que sí puedo afirmar, es que ya no soy la que antes era. Mi mundo también cambió. Creo que por aquí se empieza, por aceptarlo. Como lo dice Steve Taylor en otra parte de su poema: "The Alchemy of Acceptance 1" en su libro, *The Clear Light* que mencioné:

La vida puede ser frustrante y llena de obstáculos,
con deseos por una vida diferente
que de manera constante perturban tu mente,
o la vida puede ser plena, llena de oportunidades,
con un fluir constante de gratitud
por los regalos que tienes,
y la única diferencia entre los dos
es la aceptación.

Las puertas por cruzar

Todos los días cruzamos puertas, ¿hay algo más cotidiano que esto? Tal vez no, sin embargo, hay de puertas a puertas. A lo largo de nuestra vida, de vez en vez, se nos presentan umbrales que al cruzarlos provocan un cambio radical en nuestro camino.

Un portón, en específico, que aparece a cualquier edad, en especial tras experimentar un giro de conciencia, una conversión radical de rumbo o bien, la pérdida de un ser querido, que detona la pregunta: "¿Qué quiero hacer con mi vida?".

La interrogante llega acompañada por la misma sensación que causa estar frente a la jaula de un animal salvaje: fascinación y miedo, nos pone en alerta.

Me encuentro con un grupo de 20 personas adultas de todas las edades, en un retiro de cinco días. Me aferro a ellos, porque el silencio, la reflexión y la compañía, nutren mi alma. En esta ocasión, lo que nos reúne y hermana, sin importar la edad, es que todas estamos frente a un portón, ante el que debemos decidir qué es la vida ahora para nosotros tras una serie de transiciones y cambios. Pero la elección de hoy es distinta. Nos hemos quedado sin horizonte.

Como parte de las actividades del programa, que forman parte de esta ayuda colectiva, se encuentra la visita a un sitio sagrado con siglos de antigüedad.

Un lugar donde reina un silencio absoluto, que desde el primer momento nos envolvió con su energía y nos hizo sentir como si nos recostáramos sobre un sillón mullido que alivia el cuerpo cansado y nos permite exhalar. Este confort no es sólo para el cuerpo, también para el alma.

La experiencia me hace pensar cuán poderosa y misteriosa es la energía sagrada que se puede encontrar en un templo, un bosque, una cueva y que, sin verla, provoca cambios en nuestra forma de sentir y estar. Con lo nutritiva que es en todos los sentidos, me pregunto: "¿Por qué no la procuramos más? ¿Por qué permitimos que la vida y sus pantallas se atraviesen y su ruido nos desconecte de nosotros al grado de que ya no sabemos ni qué queremos?"

Esa energía que siento es semejante a la relación sagrada entre las personas, cuando nada es más importante y no se necesitan palabras, basta con sentir la gratitud de la existencia de la otra persona para sentirnos afortunados.

El silencio, que solemos guardar en un lugar sagrado, más el tiempo que nos permitimos estar ahí, sentados a la escucha de nuestra propia voz, siempre nos lleva a zonas profundas de nuestro ser, lugares del alma que en lo cotidiano solemos evitar. "¿Qué quiero hacer con mi vida?", de nuevo la pregunta asoma sigilosa, desde ese templo de nuestro silencio interior.

Esa mañana, gracias a la paz del sitio, me percato con el asombro de quien descubre una nueva fórmula, que la respuesta que buscaba ante esa duda existencial oscila entre la ansiedad, que produce lo desconocido, y la confianza, de que siempre todo lo que nos sucede, de algún modo se acomoda: todo sale bien, todo fluye y fluirá en nuestras vidas.

Entonces, la respuesta está en el lugar interior desde el cual se formula la pregunta.

Me doy cuenta de que la solución es igual a mirarse en un espejo: si sonrío, el cristal reflejará una sonrisa, si miro mi imagen con desconfianza, eso recibiré. Así de sencillo.

Sí, me percato de que si la planteo desde un lugar de paz, de armonía interior, consciente de que la vida es buena, de que el bien, Dios, el amor, es el origen de todo, me da tranquilidad, y es cuando logro observar a distancia esa parte de mí que puede sentir pánico como si la puerta de la jaula que contiene a la fiera salvaje estuviera abierta. Entonces, la abrazo, la comprendo y la tranquilizo como a un niño temeroso.

Es inútil tratar de predecir lo que el destino nos depara, las puertas cerradas a lo largo de toda nuestra vida siempre serán una interrogante. Lo que buscamos obtener no depende de levantar la mirada al cielo y rogar por una cosa material, la realización de un proyecto o un Dios que nos lo proporcione. El rumbo que resulte después de abrirlas dependerá sólo de quién las cruce, de la mentalidad con que lo haga y de la actitud que tome.

Durante este año, puedo decir que, a pesar del dolor, le he sonreído al espejo. Deposité mi confianza en el bien de la vida. Me he dejado guiar por ella y he escuchado mi cuerpo, que es su portavoz y quien a través de sensaciones sutiles, me ha dirigido el camino. Le hago caso cuando me avisa que algo no está bien o cuando estoy por tomar una decisión, lo escucho. ¿Cómo se siente?

Mi padre decía que el secreto para ser un hombre de negocios exitoso, después de que no tuvo carrera profesional, perdió a su papá al mes de nacido, no tenía un centavo y perdió un ojo en un accidente a los 20 años... es: la ranita. Es decir, ese click que sientes en el vientre, cuando la mente, el corazón y la intuición se unen y te gritan: ¡Sí! Se trata de una sabiduría ancestral que todos tenemos, y cuando tomas la decisión adecuada, te das cuenta de que inhalas de manera profunda, la piel se pone chinita y atrás del cuello se siente como si te soplara un viento.

Cuando la duda o los temores nos asalten, no huyas, encáralos con valor. Me gusta mucho cómo lo dice Steve Tylor en su poema "Cuando enfrentamos nuestros miedos" de su libro *The Clear Light:*

Cuando evitamos nuestros miedos,
ellos crecen y nosotros disminuimos.
El alma se contrae un poco más,
dejando menos espacio para que la luz nos llegue,
entonces nos volvemos
más oscuros y fríos por dentro.
Pero cuando enfrentamos nuestros miedos,
nosotros crecemos y ellos disminuyen,
y el alma nos abre, como una flor al sol.

Entonces, lo que procede es soltar; así que confiemos en el bien de la vida, hay que dejarnos ir con una sonrisa serena en la cara y tener la certeza absoluta de que todo va a estar bien. Al cambiar la narrativa en la mente, de la escasez a la abundancia, del temor a la gratitud, surgen las mejores respuestas, aquellas que nos hacen bien y que hacen nuestro bien.

En muchas ocasiones imagino que Pablo en espíritu me abraza y siento esa certeza que siempre sentí, pero de un modo diferente.

Al término de este retiro, camino muy temprano por la naturaleza rodeada por la bruma que un día promete abrir, con la satisfacción de exhalar con alivio al saberme fuerte, al haber aprendido a estar conmigo misma, a quererme y descubrir una nueva libertad que me permite hacer lo que mi corazón me dicte, para gozar de este instante eterno y breve en el que puedo apreciar lo que mis cinco sentidos me regalan. Vaya privilegio.

Esa certeza sólo se adquiere con la conexión interior, con el silencio de la mente en el que el alma, desde su perfección y *completud*, habla.

¿La escuchas?

Nos recuperamos

En la naturaleza, como en la vida, siempre habrá periodos de avance y retroceso, subidas y bajadas. En cada uno de ellos nos corresponde fluir, así como comprender que debemos aprender a trotar con ellos, mejor si es de buena gana. ¡Claro! Los acontecimientos, los problemas, las preocupaciones siempre nos sacarán de ritmo; entrar en conflicto o discutir con la realidad equivale a sufrir.

Cuánto me acuerdo del gran caricaturista Catón y su frase: "En el andar las calabazas se acomodan". Sin embargo, también me he percatado de que se requiere tiempo, presencia y atención para disfrutar la belleza que la vida nos ofrece. Podemos atravesar la majestuosidad de un bosque o estar rodeados de las personas que nos quieren, sin embargo, estar sumidos a la vez en la tristeza que provoca la ausencia, absortos en pensamientos sobre el pasado o el futuro, desconectados sin apreciar el entorno. De esa manera es difícil que las calabazas se acomoden.

Como mencioné, si sabemos ver, la naturaleza es una gran maestra. Basta observar cómo se recuperan los manglares después de un huracán, cómo crecen árboles pequeños alrededor de uno caído o cómo de la composta nacen nuevas y sanas especies. La fuerza de la vida para crecer, desarrollarse y salir adelante es imparable.

De la misma manera nos recuperamos, a veces a pesar nuestro, de la pérdida de un ser querido. Sí, un día nos damos cuenta de que amanecemos más ligeros, que podemos divertirnos, que la vida vuelve a cobrar sentido gracias a todas las bendiciones que nos rodean. Sólo hay que saber y querer verlas. Es un aprender a vivir el gozo y el sufrimiento juntos.

Recuerdo a un maestro que nos dio el ejemplo de una obra de teatro a la cual asisten 300 espectadores. Como individuos, cada uno de ellos percibe cosas distintas, detalles, situaciones de la obra y de los personajes. A unos, la obra les parece maravillosa, mientras a otros les parece regular o muy mala. Esto depende de lo que cada cual haya vivido, su edad, estado de ánimo, madurez, formación, entre otros muchos factores. De la misma forma sucede con lo que cada uno de nosotros nos contamos de nuestra historia. Sólo que con frecuencia olvidamos que somos los autores y los narradores de ella.

Consciente de que existen varios caminos ante el cambio elijo confiar y, por más oscura que la situación parezca, sentir la certeza de que la vida es buena, que todo va a estar bien y que, aun de extraña manera, todo sirve para nuestra evolución y desarrollo.

Aceptar esto en medio del desconcierto es difícil. Y si lo perdido nos permite enfrentar el dolor cara a cara, conocemos a uno de los mejores maestros, aunque el más duro. Tienes esa opción o la otra: tomar el camino del temor, prolongar el sufrimiento *ad infinitum*, instalarte en el drama y convertirte en víctima de las circunstancias. Como diría Viktor Frankl, dejarnos llevar por la depresión, culpar a otros o, incluso, ¿por qué no?, a Dios.

Es así como podríamos afirmar que la vida es mental. Es decir, lo que te afecta no es lo que sucede afuera, sino lo que tu mente crea a partir de aquello que te sucede. Es posible usar las circunstancias para preguntarte: "¿Qué necesito aprender?, ¿cómo, a partir de esta experiencia, puedo ser mejor persona?, ¿qué quiere la vida de mí?"

Sí, la reconstrucción posterior a un cambio requiere tiempo, paciencia y un trabajo arduo, íntimo y profundo, como meditar, vigilar nuestros pensamientos, vivir en el presente, orar, procurar la compañía de la familia y los amigos, al final, las cosas por naturaleza avanzan y toman su rumbo. El andar será distinto, según elijas una de las opciones que la vida te ofrece: confiar o temer. No es responsabilidad de nadie más que nuestra.

Y si tenemos confianza, en ese salto al vacío, notarás que una corriente de aire nos recoge y levanta justo cuando los pies se despegan del suelo. Esa corriente de aire que te impulsa a elevarte no llega del exterior, sino de ti y de mí, pero hay que escuchar a la ranita siempre. ¿Qué me dice? Por otro lado, esa ráfaga no es más que la actitud hacia la vida y el sentido que damos a nuestros pensamientos.

Sí, "en el andar las calabazas se acomodan", lo puedo afirmar a partir de que, sin expectativas, sin forzar nada, he podido ver con gran asombro y gratitud, cómo las cosas desde la más pequeña a la más grande por naturaleza fluyen, se acomodan y tarde o temprano se resuelven. Por ejemplo, uno de mis más grandes temores era ver los temas sobre las decisiones relacionadas con el trabajo de Pablo, luego me di cuenta de que mis tres hijos, además de sus propias labores, se han unido para retomar ese tema y sacarlo adelante juntos de manera excepcional. Además, en lo personal, descubro que me ha gustado mucho dirigir una parte de estos asuntos, cuando jamás pensé que lo haría o podría hacerlo.

Eso es lo que me propongo pensar y crear de la vida. Porque esa es la fuerza que se encuentra dentro de cada uno de nosotros. Pablo me lo enseñó, fue su filosofía y su mantra en la vida, a pesar de las miles de dificultades que la vida le presentó, nunca lo dudó. Y hoy, lo aplico: "Todo va a estar bien, porque en el andar las calabazas se acomodan".

Cultiva tu dignidad interior

"¿Por qué sonríe el Buda?", le preguntó el alumno a su maestro Zen Po-Chang. "El gesto del Buda proviene —le respondió— de reconocer el buey arriba del buey".

Si bien es cierto que creemos conocer a las personas durante los eventos de la vida cotidiana, el conocimiento real, el auténtico, se nos revela ante su conducta frente a los retos y la adversidad. No hay duda.

Cuánto admiro a las personas como Pablo, mi esposo, que con lo duro que le fue enfrentar un cáncer tan agresivo, o mi papá que, con su enfermedad de Parkinson, que le duró más de 25 años, en lugar de la queja, eligieron la aceptación, la dignidad y la sonrisa. Es de admirar. Recuerdo un día cuando mi papá invitó a comer a Pablo. Sus comidas siempre terminaban alrededor de las 7:00 p. m. Ese día Pablo llegó conmovido por la conversación con mi papá, quien ya tenía muchos años con su enfermedad. Le había dicho:

—Mira mijo, toda mi vida me dediqué a enseñarles a mis hijos a bien vivir. Ahora me dispongo a enseñarles a bien morir.

El comentario calaba, porque en efecto, desde que se enteró de su enfermedad, pasó unas semanas difíciles para aceptarla. Siendo un hombre fuerte, líder, jefe, nos dio a todos el gran ejemplo de nunca quejarse. Supe, un día por mi mamá, que él lloraba a solas en el baño durante los primeros meses en que le dieron la noticia de su enfermedad. Sin embargo, salía de ahí, y enfrentaba la vida con la cara en alto. "Siempre que entres a algún lugar hazlo con la cara en alto, me decía, nunca te agaches", frase que he recordado siempre.

De la misma manera, a mis papás les tocó enfrentar la muerte de mi hermano Adrián a los 41 años, además de otras batallas muy duras, pero siempre con una dignidad interior que a todos nos servía de ejemplo.

—¿Cómo estás, papi?— le preguntábamos al verlo.

Durante muchos años alzó el brazo derecho con la mano empuñada como respuesta, seguido de un: "¡Como Chazán!", lleno de entusiasmo. Más tarde, en sus últimos años, respondía:

—Mejorcito, mija.

Jamás escuchamos una sola queja contra la vida, contra Dios, por su situación. En la última etapa de esta cruel enfermedad, llegó un momento en que un enfermero le tenía que dar de comer en la boca, porque ya no controlaba la cuchara. A pesar de saberse muy aminorado, en comparación con el gran hombre que fue, aceptaba ir a comer con alguno de nosotros los hermanos, o con sus amigos, a un restaurante, con todo y enfermero. Sin una sola queja o disculpa. Con una dignidad, ahora sí que, digna de admirarse. La soberbia que pudo tener en sus épocas de gloria, se convirtió en una sabia humildad.

Tuve la suerte de que Pablo a su vez, les enseñara a mis hijos y nietos, a través de su actitud, lo que significa bien morir. No hay mayor dignidad que mantener la cara en alto y nunca agacharse o quejarse ante la adversidad, como nos lo mostró siempre.

Ese tipo de dignidad interior lo podemos encontrar también en una madre cuando transita por su trabajo de parto y las horas en que da a luz con entereza, en el campesino que a diario se levanta para trabajar la tierra, o en la madre soltera que día a día se parte en diez con valor y alegría, en los enfermeros que dejan todos sus problemas atrás para trasladarse durante dos horas para llegar a su trabajo y dar un servicio humano y con una sonrisa a sus pacientes.

La dignidad hace resonar esas fibras internas no negociables que vibran ante una situación límite. Nos hace guardar la compostura frente a la mirada de nuestros hijos. La dignidad interior —el secreto de muchos a quienes admiramos— es la que te hace luchar y enfrentar cualquier reto con la cara en alto.

Hay quienes nacen con esta fortaleza y son capaces de mantener la compostura de manera natural ante desafíos importantes; otros cuya fe los mantiene de pie y aquellos que se definen por la resiliencia, la determinación y la voluntad de poder.

La dignidad interior se cultiva, se gana y te eleva a planos en los que los elementos de tu vida toman otra perspectiva y otro camino, te brinda posibilidades de transformación real. No olvidemos que siempre somos estudiantes y maestros. Y ahora, ¿cómo te comportas ante la pérdida?

La dignidad no es algo que se pone y se quita, se vive. Por eso conviene buscar el silencio, la respiración profunda y el contacto con nuestro interior para crear, poniéndola en práctica en las pequeñas cosas, hacer una rutina que fortalezca el espíritu.

A pesar de haber vivido un luto del alma, vuelves a sonreír. Tarde o temprano sales adelante. No significa que hemos superado la pena; significa que aprendemos a vivir con ella y a entretejerla con todos los momentos de gozo que la vida nos ofrece.

Para que la vida nos rescate lo más importante siempre es y será entrar con la cara en alto.

Así es la vida...

Cuánta razón hay en esta frase... hay un momento en tu vivir en el que esas palabras que escuchabas y repetías con indiferencia, de pronto cobran un significado más profundo y comprendes su sabiduría.

Decía Jung que a cada pérdida corresponde una ganancia y viceversa. Si observamos, todo en el universo existe gracias a la oposición. La luz y la oscuridad, lo femenino y lo masculino, el bien y el mal, la fuerza y la debilidad, amor y desamor, la vida y la muerte, el gozo y la tristeza, las pérdidas y a las ganancias de la vida. Todo tiene su contraparte. Hoy y siempre hay opuestos, gracias a esta polaridad progresamos.

Así es la vida... es una frase que decimos cuando adquirimos un aprendizaje, o cuando no tenemos respuesta a una situación. En el momento, es una salida fácil, sin embargo cuánta verdad contiene. En los momentos bajos, cuesta trabajo aceptarla.

Queremos vivir sólo lo bueno y eliminar la tristeza. Sin embargo, cuando la tristeza nos toca, te das cuenta de que en ella también se encierra una semilla de esperanza, de aprendizaje, de crecimiento. Lo repito, el dolor es un gran maestro. En lo personal me descubro más fuerte de lo que pensé. Me doy cuenta en este año, que entre más uso mi independencia, más me empodero. Descubro que me vuelvo más empática, entiendo mucho mejor a las personas que han sufrido alguna pérdida, porque ya he estado ahí. El dolor me hace buscar más mi interioridad, mi conexión con Dios, con el Universo. El dolor me ha sensibilizado, me hace bajar el ritmo y darme cuenta de lo impredecible que es y de lo que en realidad importa cultivar: el amor, la amistad, la armonía interior y exterior, como mi familia. El dolor le da un *knock out* a mi ego, que se creía campeón, para dejarlo en el suelo y levantarse con humildad y reconocer la ilusión en la que vivía.

Siempre las preguntas: "¿Qué tengo que aprender de esto? ¿Para qué la vida me lo mandó? ¿Cómo puedo, a partir de esto, ser una mejor persona?" Es lo que nos toca. Las ganancias escondidas por fin se encuentran, siempre y cuando le hagamos honor a nuestro duelo, con paciencia y alegría. De otra manera estamos en la negación y en el enojo que no nos conduce a nada bueno.

"Así es la vida" creada a partir del yin y del yang como lo enseña la filosofía oriental. Luz y sombra. Gozo y dolor. Habrá que repetir despacio esa frase para digerirla en su totalidad, de manera lenta.

> **En el momento de la pérdida no es nada fácil descubrir la ganancia, a veces requiere de escarbar y buscar, dejar que el tiempo pase, pero la ganancia ahí está, siempre está. Depende de nuestra mirada encontrarla.**

20

Convierte el vacío en espacio

La llave para la transformación es amistarte con este momento. La forma que tome no importa. Dile sí. Permítelo. Está con él.

Eckhart Tolle

Hace cientos de años, en tiempos de Buda, vivía una pobre viuda llamada Kisa Gotami, que tenía un hijo pequeño al que adoraba. Un día su hijo enfermó y murió. Loca de dolor, se negó a enterrarlo. Lo llevaba consigo a todas partes sin hacer caso de las palabras de consuelo que la gente le dirigía. Se aferró al cuerpo del niño y no dejaba que nadie se lo quitara. Sujetándolo recorrió la aldea entera, hasta que llegó a ver a Buda, a quien le rogó le diera una medicina para devolverle la vida a su hijo.

Buda miró con dulzura a Kisa Gotami y al difunto hijo que traía en sus brazos:

—Sí —le dijo—, puedo ayudarte, pero para preparar la medicina necesito que me traigas una semilla de mostaza.

Fascinada, Kisa Gotami estaba a punto de correr a buscarla. En todas las casas de la India había una vasija en la cocina donde se guardaban semillas de mostaza. Pronto tendría la medicina para su hijo.

—Sólo que hay una condición —siguió diciendo Buda— la semilla debe venir de un hogar donde nadie haya muerto.

Kisa Gotami anduvo de casa en casa y en todas partes encontró a personas que con la mejor voluntad querían ayudarla, pero siempre escuchó la misma historia. Aquí una esposa, allá un marido, un hermano o una hermana, una madre o un padre, un hijo o una hija habían fallecido. No había una casa en donde no lamentaran la muerte de un ser querido.

Lentamente, Kisa Gotami se dio cuenta de que la muerte había visitado a todos y que ella no era la única afligida por una pérdida. Calmada y sobria, miró a la criatura que traía en los brazos y terminó por aceptar que la vida había abandonado su cuerpo. Llevó a su hijo al cementerio y se despidió de él, luego regresó a buscar a Buda.

Buda le dio la bienvenida y le preguntó si había conseguido la semilla de mostaza.

—No —respondió ella—. Pero empiezo a comprender la lección que intentas enseñarme... Mi hijo ya no existe, ha muerto y lo he enterrado junto a su padre.

Buda le habló con gran compasión:

—Creíste que sólo tú habías perdido un hijo. La ley

natural es que todo cambia y nada es permanente entre los seres vivos.

Kisa Gotami quiso seguir aprendiendo sobre las enseñanzas del maestro y desde entonces hasta su muerte fue su discípula.

La búsqueda de Kisa Gotami nos enseña que ella no era una excepción: nadie se libra del sufrimiento y la pérdida. Todos, al pensar en amigos, familiares, vecinos, conocidos, celebridades, gente famosa, podemos darnos cuenta también que la muerte ya ha pasado por todas las casas o familias. No somos los únicos, y sí, al igual que Kisa Gotami, no somos la excepción.

A veces me pregunto, "¿qué hubiera sido de Pablo, si hubiera sido yo la que me hubiera ido?" No lo sé, lo que sí sé es que el dolor que he sentido por su ausencia, fue mi último regalo de amor que le di, al ahorrárselo a él. Eso también le da sentido a mi nueva vida.

Permítete sentir nostalgia

La nostalgia es una sensación extraña, difícil de descifrar, una mezcla de gusto, tristeza y añoranza. Un cóctel de sensaciones que todo ser humano vive y revive varias veces en la vida. Es la presencia de la ausencia. Sucede ante un momento de felicidad que intuimos no volverá y que, conforme los años pasan, te invade con mayor frecuencia. Permítete sentirla. No la evadas.

Todos tenemos sitios, épocas y lugares, en los que descubrimos la felicidad: la casa de la infancia, el parque donde aprendimos a andar en bici, un viaje que nos pareció perfecto, el novio o la novia con quien descubrimos el amor, la música y moda de la juventud. Épocas en las que nos creíamos eternos, así como todo lo que nos rodeaba. Versiones endulzadas de la realidad.

Durante los meses de mi proceso, un fin de semana llegué a la casa de mis suegros en Tepoztlán. Una casita que perteneció a los papás de mi suegro, a la cual llegaban en tren y en burro y que alumbraban con quinqués. Hacía cerca de 20 años, desde que mis queridos suegros, Ramiro y Leonor murieron, que no regresaba. Al entrar noté los mismos muebles blancos en la sala y de mimbre en la terraza, el mismo acomodo de los objetos, los mismos cuadros como el de la niña con un alcatraz, la mesa redonda de madera con un centro en medio que mi suegro fabricó con sus manos, los mismos adornos, sentí lo que hacía mucho no sentía: nostalgia. Recordé la canción que dice: "Las cosas quedan, la gente se va", y comprobé cuán cierto es.

Observé en mi memoria, como en cámara rápida, las paredes impregnadas de historia, imágenes, momentos vividos y detenidos en el tiempo, enterrados en la mente. Sin embargo, en el instante en que mi mirada se encontró con ellas, como magia, los recuerdos despertaron y cobraron vida. Vi a Leonor, a quien tanto quise, sentada en la terraza rodeada de macetas de malvones, en camisón con su taza de café matutino, platicando con la tía Lucy con su infaltable cigarro, también en bata. Vi a la cara de mis hijos en pijama asomados entre los barrotes de la escalera de madera redonda que llevaba al piso superior, mientras los adultos bailábamos en algún festejo. Me vi feliz en el jardín, abrazada de Pablo quien no hacía más que velarme el pensamiento, mientras posábamos para la foto de nuestro primer embarazo. Las escenas revividas se agolpaban en la mente con un nudo en la garganta.

Nos sentamos a comer bajo la presencia imponente de los cerros de Tepoztlán. La misma vajilla de barro, los mismos vasos de vidrio soplado con raya azul en la orilla y, cuando mordí el taco de tortilla de maíz con aguacate criollo —muy del lugar—, todo en mi cuerpo despertó. Me remonté a tantas comidas, risas, travesuras de mi suegra, brindis en familia alrededor de esas tortillas que son únicas. ¡Qué gozada! Cuánta nostalgia.

Me doy cuenta de que sólo cuando hubo felicidad, encontramos nostalgia, de no ser así, sería dolor. También me percato de la manera en que los recuerdos enaltecen. La casa no era tan bella, ni tan confortable como yo la creía, era la felicidad la que la convertía en una cobija que te envuelve y acoge. Era perfecta. Lo que extrañamos no son los escenarios, sino la juventud y lo felices que fuimos en ellos.

Asimismo, me doy cuenta de que lo que vivimos hoy es lo que mañana será recordado con nostalgia por nuestros hijos y nietos. Por lo que el presente, en el que nos sentimos eternos, es el momento más valioso que tenemos.

Escribe

"Siempre he sentido la necesidad de escribir a diario, el cuerpo me lo pide", escuché un día decir a mi maestro Ricardo Chávez Castañeda. "¿Necesidad?", pensé, con el ceño fruncido por no haberla sentido jamás. Él ahondaba en este tema al platicarnos acerca de los viajes con sus amigos, donde lo único que hacía era aislarse para escribir y escribir. Esa urgencia no la comprendía. Como sucede con muchas cosas, hasta que te toca vivirlas, las entiendes.

Escribir ha sido parte de mi trabajo, durante más de 25 años he cumplido con una columna semana a semana para los periódicos. Podría decir que durante este tiempo trato de mirar hacia fuera: estudiar, investigar temas, ideas y conocimientos de otros, de quienes aprendo, para sintetizar y compartir sus saberes. A pesar del trabajo que esto requiere, es abismalmente "más sencillo" que mirar hacia dentro.

Me encontraba en el cuarto del hospital con Pablo, sin saber que compartíamos sus últimos días.

—Tengo que escribir mi artículo de la semana —le comenté con un poco de apuro— y no sé qué tema abordar.

—Vieja, escribe sobre ti, sobre tu corazón, cuando lo haces, ¡te sale tan bonito! —me contestó.

Sentí el peso de sus palabras y lo que significaban. Meter el espejo al corazón es algo que evito. Siempre evito hacerlo. Ignoro si es por protección, por temor a lo que encontraré, a enfrentarme con mi sombra, o bien, a que otros se asomen a los cuartos que no son de trofeos, que siempre están listos para mostrarse. Me quedé en silencio.

—Prométeme que ya vas a escribir desde el corazón —después de unos segundos, me escuché decir:

—Te lo prometo.

Desde que retomé la escritura, procuro cumplir mi promesa. Me doy cuenta de que hacerlo requiere tiempo, soledad, silencio, pero, sobre todo, introspección. Escribir desde otro lugar, que no sea el de la mente, lo podría comparar con cambiarse a un país nuevo sin hablar el idioma. Se requiere valor. "¿A alguien le interesará esto?", es la duda que me acompaña siempre.

Escribir en mi libreta roja lo que el proceso de pérdida duele, enseña y deja, ha sido un gran desahogo y una gran terapia. Como si la pluma fuera una extensión del brazo que se conecta con el alma y a través de ésta se permite entender, ordenar y exorcizar lo que se siente. Al escribir, es curioso observar cómo primero buscas en la mente sobre lo que quieres expresar, pero llega un momento en que la pluma parece irse sola y tú desapareces.

El tema es comenzar con cualquier cosa o vivencia que venga a la cabeza, sin importar puntuación, sintaxis, o si una idea no se relaciona con la que sigue, nada. Simplemente mover la mano y la pluma para anotar lo que sea, sin pensar que alguien pueda leer lo que escribes más tarde. Puedes incluso, quemar las hojas después, para permitirte sentir la confianza, libertad y el gran desahogo que es poner lo que pensamos por escrito.

En una ocasión me sucedió que estaba muy enojada con una persona, y escribí toda mi frustración, mi coraje en la hoja, sin reservarme nada. Al ver más tarde a esa persona, me di cuenta de que mi actitud hacia ella era más centrada y serena. Me había desahogado.

"Las palabras van de lo que sabes a lo que no sabes —continuó Ricardo— y éstas te llevan poco a poco al silencio". ¿Qué son los silencios? Es estar contigo para que en el viaje desmenuces, organices el caos, intentes ir de las ideas a los sentimientos, de lo complicado a lo sencillo, del agua fría al agua caliente.

Recuerdo una vez que estuve en un seminario con Julia Cameron, autora de *The Artist's Way*, en donde narró lo terapéutico que es escribir. Y en una de sus pláticas, nos decía que ella —hacía algunos años—, tenía problemas de alcoholismo, y que cuando escribía en su libreta en las mañanas, primero era sobre temas irrelevantes: tengo que hablarle a mi mamá, tengo que ir al súper, porque ya se acabó tal cosa que le gusta a mi esposo, en fin. Sin embargo, después de un rato de escribir, de pronto notaba que surgía la frase "anoche volviste a pasarte de copas", era como si su observador interno, su conciencia, su inconsciente, como quieras llamarle, tomara la pluma. El agua caliente salía. Es entonces cuando escribir se vuelve muy terapéutico.

Martha, una alumna que tuve, nos platicó que "ella todos los días —desde hace 20 años—, a través de su libreta, platicaba con Dios; ella todos los días le escribe lo que le preocupa, lo que agradece, y nos contaba que entonces, Dios le contesta. Y colecciona en un librero, todas las libretas que desde entonces ha escrito. Es la voz de la sabiduría interna que no habla desde la mente racional, sólo es cuestión de ofrecerle una salida, desde el sentir. Escribir de cualquier modo, sana y exorciza, lo que traes dentro.

Al mismo tiempo, descubro que escribir te aterriza. Alivia como la mejor terapia. Una cosa es vivir y otra entender lo que viviste, ayuda a distanciar, a planchar los recuerdos, dar perspectiva y sentido a lo vivido. A encontrarte con tu propia verdad. A conocerte más. A estructurar el caos mental. Como lo dijo Juan José Millás: "La escritura abre y cauteriza al mismo tiempo las heridas".

Lo que nunca imaginé es que comprendería esa necesidad de escribir de la que Ricardo un día nos habló. Sentir la urgencia de separarme del grupo para meterme a escribir. Descubrir que prefiero leer en las noches, en lugar de ver una serie de televisión, para aprender de los escritores de ficción y otros no acostumbrados. Que disfruto, como pocas cosas, estar en silencio sentada en el sillón negro de mi estudio con "la Güera", mi perra blanca y chiquita, acurrucada a mi lado, mientras escribo y escucho a los pájaros. Y que ese encuentro conmigo, al que tanto temía, no sólo no está nada mal, sino que es un alimento muy sanador para el alma. Y sí: el cuerpo te lo pide.

Te invito a que lo descubras tú también: escribe.

Medita

A nueve meses de que Pablo partió, la invitación a una meditación guiada con música en vivo, en medio de la naturaleza, me pareció todo un privilegio. Una joven muy preparada sería nuestra guía. "La meditación durará más de una hora", nos dijo. Me pareció eterno, dudaba si aguantaría.

Nos sentamos en círculo sobre el pasto, con los ojos cerrados y cubiertos por un antifaz para facilitar el "dejar ir" los estímulos exteriores. Comenzamos a respirar de manera lenta y profunda, como nos indicó la guía, al tiempo que escuchábamos a los pájaros, los músicos empezaron a tocar. Me sentí agradecida de estar ahí en ese momento y en ese lugar. El talento de los dos músicos que acompañaban y dirigían la experiencia rebasa las palabras para describirlo. No los conocía, se llaman Awaré. Su música llegaba al alma y nos tomaba de la mano para explorar lo profundo de la conciencia.

Con los ojos cerrados descubríamos mejor el ambiente del entorno. El aire fresco pasaba y nos acariciaba. Los sonidos de los pajaritos se percibían con todo detalle y la mente, al seguir la melodía, se liberaba de los pensamientos para abrir puertas interiores que rara vez deseamos atravesar. Umbrales que nos conducen a un lugar interior de paz omnipresente en nuestra vida.

Ignoro el tiempo que transcurrió cuando la música me llevó a sentir una energía que provocó que el tórax se moviera ligeramente en círculos, como si obedeciera una orden. Era algo extraño. Lo había experimentado en un par de meditaciones profundas como ésta, de igual manera acompañada de música en vivo.

"Es la energía kundalini cuando despierta", me dijo después nuestra guía. La meditación profunda o la práctica de yoga kundalini, de acuerdo con la cultura yogui, mueve la energía dormida a lo largo de la columna vertebral. La sensación es muy liberadora.

Una hora y un poco más, cuando la guía hizo sonar el cuenco de bronce, me pareció que habían pasado sólo 20 minutos. En ese estado de duermevela, cuando apenas regresaba a la "conciencia consciente" y estando aún sentada, estiré las piernas y doblé la espalda para tocarme los pies. En eso, me tomó por sorpresa el abrazo de Eta, mi amiga que estaba junto a mí, quien también ha experimentado una gran pérdida, permanecía sentada en el mismo estado.

Sentir sus brazos en mi espalda, su empatía y conexión, me abrió una puerta interior que sólo el amor abre. Comencé a llorar desde las entrañas. Me di cuenta de que todavía tenía mucho dolor guardado entre las células, el cual mi mente no había reconocido o no quería reconocer. Ignoro por qué nos defendemos siempre de la vulnerabilidad, cuando es lo que más nos conecta, une y alivia.

Lo que es un hecho, es que el dolor busca salidas y, de no encontrarlas, nos intoxica el cuerpo. Se tiene que echar fuera, hay que abrirle camino, de lo contrario, hace daño o se somatiza en dolencias y enfermedades. El tipo de llanto que experimenté era como aquel que no se piensa, no se elabora, no pide permiso, pero ¡alivia tanto! Llora lo que tengas que llorar. El llanto es lluvia y la lluvia nutre y limpia. Nunca lo guardes.

Ese día 27 de febrero, Pablo cumplía nueve meses de fallecer. Al igual que en un parto, cuesta trabajo que el dolor vea la luz; las lágrimas nos ofrecen una manera de exorcizarlo al rendirnos a él. A veces crees estar bien, al haber llorado y llorado por meses la pérdida, sin embargo, entre las células del cuerpo se esconde también el dolor. Es ahí cuando este tipo de terapias, de sanaciones nos ayudan a liberarlo.

"Siéntate en silencio y cierra los ojos. La luz dentro de ti es suficiente. Ella tiene el poder de darte el regalo de la vista. Excluye el mundo exterior y permite que tus pensamientos vuelen a tu paz interior. Ellos saben su camino", dice *Un curso de milagros*.

Cuánto agradezco haber recibido ese abrazo, esa meditación entre amigos con una guía preparada y esa música que acunaba el alma.

Respira

La respiración, en muchas ocasiones me ha rescatado de reaccionar, de decir algo de lo que me pude arrepentir o de actuar de manera impulsiva. Esta respiración la aprendí hace algunos años, cuando me certifiqué en *HeartMath Institute,* como maestra. Es una respiración que te lleva a tu centro, a ese lugar donde se encuentra la paz, que lleva a tu mente a un lugar donde te sientes seguro: a tu corazón.

Ya había publicado en el libro *Energía. Tu poder,* esta respiración, sin embargo, considero prudente compartirla de nuevo, porque en verdad funciona. Te sugiero practiques todos los días por unos minutos, hasta que se vuelva un hábito natural. Puede ser por las mañanas al despertar o por las noches antes de dormirte.

1. Cierra los ojos y haz una sonrisa interior. Dirige tu atención al centro del pecho, el área del corazón. Respira un poco más lento de lo normal; inhala durante 5 o 6 segundos y exhala durante 5 o 6 segundos. Imagina tu respiración

como una ola que llega a la playa y se desvanece para luego regresar de nuevo al mar. Si es necesario, puedes colocar una mano sobre el área del pecho para mantener tu enfoque.

2. Ahora imagina que respiras a través del corazón. Inhala y exhala lento.

3. Trae a tu mente una imagen que te haga sentir contento, feliz: una persona, un bebé, un lugar, un momento, una mascota, un recuerdo que te haga sonreír.

4. Ahora revive el gozo que sentiste entonces, y baja esa sensación de la mente al corazón. Siéntela. Disfruta el momento. Quédate ahí en ese lugar por unos minutos.

5. Una vez que te sientas cómodo con la respiración, inhala esa dignidad, ese control y fortaleza interna o lo que anhelas reforzar. Visualiza cómo entra a todo tu cuerpo y lo inunda de ella. Quédate ahí de nuevo por unos minutos.

Practica esta respiración que te trae al presente, te devuelve la calma y te abre al amor.

¡Cuánta razón tenía el maestro Zen Po-Chang!: el gesto del Buda proviene de reconocer el buey arriba del buey.

Exhala

Si bien te compartí que durante las primeras semanas después de la partida de Pablo conocí esa nueva forma de habitar el mundo, parecida a sumergirme en el fondo de una alberca donde el agua me aislaba de todo lo que sucedía en el exterior y me sentía aislada de todos y de todo; hoy ya puedo salir y respirar.

En estos 12 meses desde que se fue, puedo decir que he recibido todo tipo de confort, apoyo y abrazos, más de los que se le puede pedir a la vida, sin embargo, debo decir que, todavía, hay detalles, instantes, en que su ausencia duele y duele mucho. Sé que es normal, que no podemos apurar el proceso y así lo tomo. Por ejemplo, hay mañanas en las que me duele ver la otra mitad fría de mi cama sin nadie que me diga: "Buenos días, vieja linda". Por las noches, todavía extraño el brazo que me envolvía hasta conciliar el sueño. Veo su clóset y por momentos me doy cuenta de que no he tenido el valor de sacar toda su ropa o sus zapatos, de enfrentarme al espacio vacío que quedaría, como si al atesorarlos, guardara su esencia en el interior de mi casa. Es algo que me prometí hacer muy pronto.

Todavía me duele el pecho cuando tomo fotos en algún lugar o de un momento hermoso y me doy cuenta que no tengo con quién compartirlas como lo hacía con él. No he podido todavía quitar su contacto en mis chats, o el teléfono a llamar en caso de emergencia, lo tengo señalado como el primero en mi lista y no he tenido el valor para hacerlo. Me doy cuenta con nostalgia de que cuando me ausento por unos días de mi casa, no tengo a quién avisarle que ya llegué a un destino o que el avión ya aterrizó con bien de regreso a casa. Duele. Como me duele ver a una pareja que se besa en la calle, o a parejas que se divierten y ríen en algún lugar, hasta ver en la calle a un par de ancianos caminar lento tomados cariñosamente de la mano. Verlos me dan ganas de llorar. ¡Cuánto me hubiera gustado llegar a esa edad juntos! En momentos así lo extraño ¡tanto!, su ausencia literalmente me roba el aire, por instantes me sumerjo de nuevo en el fondo de la alberca y quedo sin respirar por unos momentos hasta que tengo que salir a inhalar; sé que con el tiempo poco a poco se espaciarán hasta acostumbrarme a mi nueva vida.

Inhalar y exhalar: este acto tan vital y cotidiano que realizamos sin darnos cuenta de que no solamente es una metáfora, sino simplemente lo que nos da la vida al entrar a este mundo y que soltamos en el momento de nuestra partida. Es lo que nos salva. ¿No es increíble que la respiración, el aire, el espíritu son precisamente nada y, al mismo tiempo lo son todo?

Si bien inhalamos y exhalamos de manera inconsciente, es un hecho que no podemos esperar hasta que la vida entera se resuelva para, entonces sí, exhalar un suspiro libre, gozoso y profundo: "Aaaah..."

Sin embargo, también durante este año, han llegado muchos, miles de momentos en que después de una gran y larga inhalación, he sentido el gran alivio de salir a respirar. A exhalar esa bocanada de aire de vida, de espíritu, de gozo, que nos permite sanar.

El tema es encontrar todo aquello que nos provoca exhalar, así como lo hacía Pablo los sábados al amanecer, cuando salía con él a cabalgar al campo. Había un momento en que él sin ser consciente, inhalaba y exhalaba con un profundo suspiro: "Aaaah...". Escucharlo me contagiaba el alivio. Significaba que soltaba, se relajaba, dejaba atrás los pendientes de la semana. Me di cuenta de que era un acto que repetía, en cada ocasión, como a los diez minutos de salir. Un día se lo hice notar. Y con una sonrisa me contestó: "La paz que esto me da, no se compara con nada".

Sentí perfectamente a qué se refería. Ignoro si su sensación se debía al hecho de ir sobre el caballo y transferirle ese peso que durante la semana cargamos en el inconsciente. O si el sentimiento de liberación emanaba del silencio del bosque que solíamos visitar, el aire limpio, el contacto con la naturaleza, el cielo azul que en la ciudad no notamos o a todo ello en conjunto.

Es un hecho, la respiración va unida al sentir. "Nada que no ocurra adentro, podrá ocurrir afuera", exhalas cuando sientes que el estrés —real o imaginario— ya pasó, terminó, se fue o le diste solución. El alivio llega desde el fondo. En cambio, como narré, basta traer en la mente un asunto que te causa tensión o tristeza, para sostener el aire y sentir la asfixia. Solemos ignorar la increíble conexión de nuestro cuerpo con el mundo.

Soy consciente de que, entre más cargamos, menos respiramos. El peso no está en lo que se carga, sino en *cómo* se lleva la carga. Cada vez que exhalo, el cuerpo manifiesta alivio por lo que trato de hacerlo de manera consciente.

Para encontrar el qué, con quién, cuándo, me provoca exhalar, debo comprender que el estrés surge en la mente y no está en el afuera. El cuerpo sólo puede relajarse una vez que la mente lo logra. Es la respiración la que nos da calma en el caos. Con la exhalación se cumple el ciclo de rendirte, morir, soltar, para tomar fuerza de nuevo y renacer. Exhalar desintoxica, no sólo el cuerpo, también el alma. Te equilibra, centra y devuelve la paz. Sólo al exhalar, la vida se vuelve llevadera.

Las preguntas son: "¿Cómo exhalar en medio de los retos cotidianos? ¿Se puede hacerlo en medio de la tormenta, el agobio y el dolor?" Es un hecho que no te puedes quedar con el aire adentro o con los pulmones vacíos, también es un tema del lente a través del cual observas la vida. Y ahí está la clave: basta notar la frecuencia con la que solemos utilizar la palabra "pero", para objetar todo aquello que sale del redil de lo que nuestra voluntad dicta. "Sí, pero...", y solemos agregar: "es que mi pérdida, la falta de tiempo o dinero, los hijos, el jefe, el estrés y demás". Pero, pero, pero... Sin darnos cuenta de que cancelamos la posibilidad de valorar todo lo que *sí* hay.

La vida nos ofrece, si los queremos ver, "rescatadores" que nos permiten respirar, es decir, opciones, rutinas, que le dan continuidad y nos ayudan a permanecer dentro de los límites de la sanidad. Es durante estos episodios que comienzas a tener una percepción distinta y a darte cuenta del valor de sustituir el "pero..." por el "y...". La vida tiene problemas sí, y, y, y... está también llena de cosas bellas, de familia, amigos, sobremesas, atardeceres y abrazos que te reconectan, te reconcilian con lo que era y ya no es, con lo que perdiste y lo que hay. Es como vivir cada momento en la gratitud y conciencia de estar vivos. Al menos, sólo por hoy.

Sólo es cuestión de consciencia y de aplicarlo de manera intencional. Ser conscientes que cuando la mente se va al pasado o al futuro, el aire se enrarece. Entonces el secreto se encuentra en cacharnos y de inmediato traer la atención al presente. La única realidad, aquí y ahora, donde se encuentra la paz.

Reflexiono en todo aquello que ha formado parte de mi "y..." que me ha hecho exhalar; me doy cuenta que al hacerlo elijo —porque es una elección— resurgir y obtener un nuevo respiro. Te comparto:

Perdí al amor de mi vida, sí, y... soy muy afortunada de tener una familia preciosa: hijos, yernos, nuera, nietos, hermanos, cuñados y mamá, que al recibir su llamada para ver cómo estoy me hacen sentir querida; y que meditar de 15 a 20 minutos en las mañanas me da paz; y que el cielo está despejado; y que puedo hacer ejercicio todos los días, moverme, caminar; y tomar mis clases de crecimiento personal, filosofía, escatología y espiritualidad que tanto me llenan; y que tengo amigas de muchos años con las cuales gozo reunirme, e ir los jueves por la noche al grupo de amigas nuevas para cantar en casa de una de ellas, ¡qué terapia! para reírnos y pasarla bien; y que tengo una perrita preciosa que adoro, "la Güera", con quien disfruto caminar alrededor de mi cuadra; y que mi trabajo me apasiona y puedo hacerlo desde cualquier lugar; y que puedo escribir, bailar, darme cuenta de que tengo la libertad de irme de retiros cuando quiera; y tengo la naturaleza y el silencio a mi alcance para exhalar cuando me sienta triste y escuchar la música que me gusta; y puedo apreciar con enorme gusto el café express que me tomo a media mañana; y leer tantos libros que tengo formados para devorarlos; y puedo ver los árboles desde mi ventana en las tardes que les pega el sol; y escuchar los pájaros cantar, y comer rico, y ver fotos con Pablo y mi familia en los momentos felices para disfrutarlos ahora y dormirme temprano. Y, y, y....

Ese "y..." que, de honrarlo nos hace sonreír y descubrir que sí, como me dijo Pablo, mi hijo aquella noche en Rochester: "Vas a descubrir que la vida es linda aun sin mi papá". Lo es, a pesar de lo que vivamos en el momento, a pesar de las pérdidas, crisis o retos. Esa es mi intención y ruego no perderla de vista.

Todos los "y" son motivos conscientes para exhalar. Me doy cuenta de que tengo, como todos, más de lo que necesito para ser feliz. "Nada que no ocurra en el adentro, podrá ocurrir en el afuera", lo repito intencionalmente. Por lo que cambiar de un pensamiento a otro es suficiente para transformar, no sólo toda la bioquímica de mi cuerpo, también mi percepción y experiencia de la vida.

Te invito a contar todos tus "y, y, y..." para exhalar a diario y con conciencia agradecerlos. ¿Te has percatado de qué, cuándo, cómo o con quién te permite hacerlo?

Baila

¿Qué tienen la música, el ritmo, los sonidos, que ejercen un gran poder sobre nosotros? ¿Alguna vez sentiste la urgencia incontrolable de pararte a bailar al escuchar determinada canción? Es como si un hechizo se apoderara de ti, sin opción a rehusarte. Bailar puede ser la fuente de la juventud que tanto buscamos.

Entiendo que es una invitación que no a todos mueve, al menos con esa urgencia, sin embargo, estoy segura de que al rendirte a la magia de la música y soltar el cuerpo para que se exprese como desea, te cargas de energía, te elevas, te abre, te conecta contigo, con el alma y con algo indescifrable.

Un cuerpo inmóvil. Un cuerpo en movimiento. De eso se trata. Cuando dejamos de sacar provecho a las miles de articulaciones, músculos y huesos, el cuerpo se pone triste y se cierra cada vez más. Por ende, somatizamos las molestias en alguna parte y éste envejece más rápido.

Mover el cuerpo de cualquier forma nos da gozo. Es otra manera de hablar, de expresarte, sanar. En lo personal, me he aferrado al movimiento como terapia. Por las mañanas, ni lo pienso, no le doy oportunidad al cuerpo de reclamar. Al salir a caminar, a nadar o andar en bici, siento que libero energías negativas, pensamientos que intoxican y emociones que encarcelan. Entonces, éste me lo agradece y me lo devuelve en bienestar. Siempre regreso contenta.

Hacía mucho tiempo que no experimentaba lo que el bailar te da. En especial en conjunto. Con motivo de mi cumpleaños 70, invité a un grupo de amigas a comer. Hacía tiempo que, por la pandemia, la falta de eventos o conciertos masivos, desconexión con el propio cuerpo o un achaquito por aquí o por allá, no bailábamos, lo que hizo que, para algunas, levantarse de la silla fuera todo un reto.

Paulatinamente y a pesar de que hacía frío, el misterio y la magia de la música hicieron su trabajo. Una vez que la música nos atrapó, nos transportó a épocas pasadas, "movíamos el instinto de barbarie arrullado en nuestras vidas sobrias —como diría Virginia Woolf—, en un segundo nos olvidamos de siglos de civilización y nos rendimos a esa pasión extraña que te manda a dar vueltas locamente por el cuarto".

Mientras movíamos el cuerpo al ritmo de la música, observé la cara de felicidad de todas; a la vez, recordé la historia que a cada una le ha tocado vivir. A estas alturas, todas hemos visitado, cada una, a su manera, los terrenos del dolor. Sin embargo, al bailar, reconocí su fortaleza y resiliencia de heroínas. ¡Bailaban con un entusiasmo! Es cierto, con el baile, las penas desaparecen por completo y el tiempo y el espacio se esfuman. Sólo disfrutamos el presente.

El transcurrir del tiempo había alejado a algunas de nosotras, pero, al bailar en grupo, recuperábamos la cercanía y la complicidad. Bailamos en círculo como adolescentes, libres de cualquier juicio y movíamos la cabeza hasta despeinarnos y nos conectábamos por medio de una especie de sororidad.

Esa tarde confirmé que bailar puede ser una fuente de juventud. La edad se vuelve irrelevante, es un antídoto para la soledad, una manera de desintoxicarnos de penas y amarguras, de celebrar la belleza de la vida; es una vitamina para el alma y el cuerpo, una expresión de alegría, de encuentro y celebración; es también terapéutico por la catarsis que provoca y por la liberación emocional que significa.

Tengo una amiga de 83 años a quien admiro, viuda también, vive sola y su única hija vive en Guadalajara, cada semana se va al centro, a un lugar público y gratuito, donde la gente se reúne para bailar, sólo por el gusto de bailar. Va sola. Ya se ha hecho amiga de otras personas y parejas que frecuentan también el lugar. Y eso la llena de vida y la mantiene joven.

Lo dicho: hay que bailar más, sólo por estar vivos. ¿Se necesita valor? Sí. Sin embargo, si logras superar la conciencia del supuesto ridículo, descubres un disfrute sin igual.

En esta vida

Estoy de nuevo frente al lago helado que hace cuatro años visité con Pablo, mi esposo. En esa ocasión, una mañana muy temprano, salí a caminar a sus orillas con paso acelerado, debido a la baja temperatura. En el camino me rebasó una señora regordeta montada en su bicicleta; ella iba ataviada con un vestido amarillo de algodón ligero y manga corta que se ondulaba con el aire al avanzar. "Qué frío", pensé al verla. Me dejó atrás.

Al seguir mi paso, metros adelante me volví a topar con la misma bicicleta, pero recargada sobre un árbol junto a una brecha que descendía al lago. La seguí con la mirada y me encontré con la mujer, de unos 60 años, quitándose el vestido amarillo con todo desparpajo y aventándose al lago como Dios la trajo al mundo. Me quedé pasmada. Primero, porque el día anterior me había enterado de que el lago estaba a 10° C y, segundo, por la hora —7:00 a. m.— y el frío que hacía. Continué mi camino, llena de admiración por su valentía.

Más adelante, me topé con una señora estadounidense que venía en sentido contrario al mío y se hospedaba en la misma casa de visitas que nosotros. Le conté con asombro lo que acababa de ver. "¡Será en mi otra vida!", me alcanzó a decir en voz alta. Nos reímos y cada una continuó su camino. De pronto, su frase me golpeó en la mente: "¿En la otra vida, en la otra vida?" Y algo dentro de mí se negó por completo a aceptarla. "La vida es hoy", me dijo una voz. "¿Serías capaz de aventarte?", me retaba.

"No, sí, no... ¡claro que sí!, en esta vida". La enormidad del lago y la hora de la mañana hacían sentir que no había nadie más en el mundo. Busqué una brecha que descendiera al agua y con entusiasmo y terror me despojé de lo que traía puesto. "Si la señora pudo, yo también", me decía. No traía toalla ni un pedazo de tela para secarme después. No importaba. Metí un pie al lago, luego el otro, avancé entre las piedras hasta que el agua me llegó a la cintura, la respiración se me cortaba, "ya pasó lo peor, ahora el cuerpo entero", me dije. La mezcla de gozo acompañada con la sensación de tener un paro respiratorio me imprimió el momento en la memoria.

Mi percepción de las montañas, el cielo y el agua cambió como si hubiera presionado un botón y el rededor cobrara otro tipo de intensidad, más viva, más poderosa y de una belleza inimaginable. Fue como si a todo le hubieran quitado un velo y se viera más real que lo real.

Me sentí viva y parte de todo aquello. El cielo exterior era el mismo cielo que sentía por dentro. Nadaba sola, pero mi experiencia era la de ser parte del lago, el aire y el bosque en plenitud total. Todas las preocupaciones desaparecieron.

Hoy revivo ese gozo que me invadió, que era como tocar una dimensión desconocida. En los 360° que mi vista abarcaba, ¡no había nadie más! Toda esa belleza: las montañas, la inmensidad, la neblina baja y el bosque que se veía desde el agua, era sólo para mí. La sensación de fundirme con ese todo me hizo olvidar por completo la gelidez del agua. Empecé a reír a carcajadas. Lo había logrado. Y cuando lo recuerdo, vuelvo a sonreír.

Me vestí como pude, con la dificultad de hacerlo con el cuerpo empapado y entumecido. El desayuno se servía a las 8:00 a. m. y Pablo ya me esperaba. Entré al comedor con una sonrisa de oreja a oreja. "Qué cara de felicidad traes", me dijo. Le narré lo que traía conmigo: la inmensidad, las montañas, la neblina, la mujer del vestido amarillo y el agua, mientras él abría los ojos y levantaba las cejas.

Luego supe que para los lugareños esas zambullidas son de lo más normales, mucha gente las practica por las mañanas porque le ayuda a la circulación de la sangre, les eleva las defensas, les quita dolores en el cuerpo y demás.

Cuatro años después, estoy de regreso, frente al mismo lago. "En esta vida", recordé. Y por la mañana, salí a caminar a la misma hora que en la otra ocasión y repetí la hazaña.

Después entré al restaurante. Ya no tengo a quién contárselo, pero el gozo que volví a sentir al sumergirme en esas aguas heladas me hizo imaginar que Pablo me señalaba de nuevo mi cara de felicidad, mientras me escuchaba con los ojos abiertos y las cejas levantadas:

"Gracias —me dice—. Gracias por hacerlo en esta vida".

Epílogo

Gracias por todo, no hay quejas

Una mañana, el discípulo fue a ver a su maestro zen:

—Maestro, busco el despertar. Iré a otros monasterios —le comentó—. ¿Me puede indicar una meditación que me ayude?

—Sí, será una simple, pero muy potente —le respondió—. En cualquier situación que te encuentres, siempre di: "Gracias por todo, no hay quejas".

—¿Es todo? —preguntó el discípulo incrédulo—. ¿No me puede dar otra?

—No. Practícala —el maestro se dio la media vuelta y se fue.

Un año más tarde, se encontraron de nuevo:

—¿Has practicado la meditación que te recomendé? —indagó el maestro.

—Sí, la he repetido muchas veces, pero no funciona. ¡Todavía no estoy despierto! —respondió el discípulo con frustración.

El maestro le contestó sin inmutarse:

—Gracias por todo, no hay quejas.

En ese instante, el discípulo despertó.

Los cuentos zen tienen en común que, por lo general, son secos, los maestros que aparecen en ellos son duros y las historias nos provocan reflexionar. Para nosotros, como en el relato, puede resultar difícil repetir la frase que el maestro pronuncia, en especial cuando lidiamos con las pérdidas y luchas propias, tanto externas como internas.

Dicen los maestros espirituales que la turbulencia es necesaria para transformar la conciencia, el sufrimiento es parte esencial del despertar de la vida y lo que sucede en nuestro entorno es parte inseparable de la existencia y lo necesitamos. Aunque aceptar esa realidad no es fácil.

Gordito, tengo un diario en el que, desde tu partida, te escribo con frecuencia. Me doy cuenta de que la palabra que más escribo es "gracias". He revivido y valorado cada época y momento, los viajes en pareja y en familia. Si bien, en tu cumpleaños 60 te regalé una lista con 100 cosas por las que me sentía agradecida contigo y con Dios, hoy puedo decir que se puede reducir a una sola: el gran amor que nos teníamos. Me doy cuenta de que este ingrediente, con todo y a pesar de todo, facilitaba pronunciar la frase del maestro.

La vida es muy sabia y necesitamos de la turbulencia para despertar. Tal vez, es nada más por contraste que apreciamos las cosas, como sucede con la trama de una novela o una película buena. Sólo cuando algo sale mal, cuando el desafío aparece, es que se vuelve interesante y el personaje crece, aprende y se transforma. Como espectadores, esa travesía nos sirve de espejo. Pero si todo está bien en la trama, el personaje está muy cómodo y no se desarrolla, lo más probable es que la historia, al no haber conflicto, se torne aburrida y la abandonemos.

Somos los personajes de nuestra propia película. Cuando los retos aparecen, solemos no entenderlos. Es entonces cuando pronunciar la frase del maestro se vuelve más difícil, sin embargo, es también cuando cobra sentido. Con frecuencia, la comprensión ocurre una vez pasada la crisis. Y, si el ego lo permite, nos encuentra con la mirada del alma y logramos reconocer las lecciones que vinimos a aprender. Agradecer sin quejas significa aceptar y abrazar cada incidente como si lo hubiéramos elegido, aun las experiencias dolorosas o difíciles de digerir. Con el paso del tiempo, espero mirar hacia atrás y percatarme de que, gracias a esas experiencias, crecí y con ellas se perfiló una mejor versión de mi propio personaje.

Cuando siento que mi ánimo baja, recuerdo la frase que le escuché a mi querido amigo y maestro, el doctor Robert Holden, en uno de los tantos cursos que he tomado con él: "Date cuenta de cuánto la vida te ama", que me ayuda enormemente. Gracias a ella y desde entonces, cuando estoy en el presente, puedo ver la vida a través de una lente que amplifica todo lo bello que me ofrece y que comúnmente no veo o ni siquiera me percato. Cuánto agradezco esa enseñanza.

Vivimos rodeados de amor. Sin embargo, en lo cotidiano es muy fácil olvidarse de él. Sabemos la manera de estar ocupados y andar de prisa, creemos que todo lo hacemos por amor, cuando en realidad nos alejamos del amor y de nosotros mismos. El reto es darles nuestra atención. Por ejemplo,

- Si sales a caminar y puedes voltear a ver el cielo, piensa: la vida me ama.
- Si ves unos árboles preciosos, piensa: la vida me ama.
- Si ves a tu mascota que te hace fiestas cuando llegas, piensa: la vida me ama.
- Cuando veas a la gente que amas junto a ti, date cuenta: la vida te ama.
- Al abrir tu regadera y disfrutar del agua, ¡despierta!: la vida te ama.

Todo está aquí para que tú y yo lo disfrutemos. Se revela sólo cuando estás en el presente, conectado contigo en segundos de conciencia.

"En ti está todo el Cielo. Cada hoja que cae, es vida dada a ti. Cada pájaro que ha cantado cantará en ti otra vez, y cada botón que ha florecido ha guardado su perfume y su belleza para ti", nos dice *Un curso de milagros*.

Lo hermoso es que cuando admitimos la existencia de ese amor fundamental, a los demás les es más fácil amarnos. Es así que tu relación contigo se refleja en la relación que tengas con amigos, familiares, extraños o enemigos. De ahí la famosa frase: *No vemos la vida como es, la vemos como somos.*

Me doy cuenta de que, al aprender a aceptar los finales en mi vida, la sensación de vacío que al principio sentí, poco a poco se ha convertido en un espacio interior que lo encuentro lleno de paz. Ahora prendo mi celular, veo tu foto en la pantalla y sonrío con la certeza de que todo va a estar bien. Sé que me acompañas y te llevo dentro de mí, siempre.

Gracias, papito

Hoy, 27 de mayo de 2023, precisamente a un año de tu partida, concluyo este viaje que tanto me ayudó a sanar, al revivir cada etapa de nuestra vida juntos, en especial tus últimos dos años. Cierro los ojos y puedo decir desde el corazón que no tengo más que agradecimiento.

Y si tuviera la oportunidad de elegir mi vida de nuevo, sabiendo el dolor que es perderte, no dudaría en aceptarla.

Gracias porque conocimos el amor verdadero, el que se da más allá de lo físico, de lo mental y toca lo más profundo y auténtico de nuestro ser ¡qué privilegio! Gracias por la familia que formamos: tres hijos sanos, emprendedores, sensibles y de alma buena, que nos han dado ocho nietos que nos hicieron revisitar todas las etapas de la vida y la oportunidad de gozarla desde otro lugar.

Gracias por todo lo que con tu ejemplo me enseñaste y por hacer nacer en mí este amor. Gracias por haberme enseñado lo que en verdad significa ser generoso y bueno en esta vida. Gracias por haber sido el mejor hijo, el mejor padre, el mejor hermano, el mejor amigo, el mejor jefe, por todo lo que vivimos, por todo lo que me diste a manos llenas, por hacerme sentir la mujer más amada del planeta. Gracias porque a tu paso, hiciste este mundo mejor.

Cuando me pediste ser tu novia y más tarde tu esposa, al ofrecerme tus manos me dijiste: "Te prometo hacerte la mujer más feliz sobre la Tierra", ¡vaya que lo cumpliste! Puedo afirmar que a eso dedicaste tu vida entera. Misión cumplida, papito. Te amo y estoy segura de que algún día nos volveremos a encontrar. Así será. Lo sé porque un día tú me lo prometiste. Entonces, nos miraremos a los ojos y volverás a extenderme tus manos, mismas que te entregaré para reanudar, una vez más, nuestra promesa. Mientras, estás y estarás aquí conmigo, siempre.

Por eso, decido en tu honor ver y apreciar todas las razones en mi entorno, que son muchas, para expresar desde el corazón la frase: